Impressum:

Herausgeber:
Music-Bits-Verlag • Rainer Ihra • Haselhöhe 12 • D-92706 Luhe
1. Auflage, © 2004 www.musicbits.de

ISBN 3-937470-14-X Die Nordic Walking Fibel (Buch)
ISBN 3-937470-15-8 Nordic Walking Compact (DVD)

Autor:
Harald Fichtner, Gründer und Leiter des VDNOWAS ®
(Verband der Nordic Walking Schulen)

Haftungsausschluss

Alle Beispiele sind freibleibend und unverbindlich. Haftungsansprüche gegen die Produzenten und Mitwirkenden, welche sich auf Schäden materieller oder ideeller Art beziehen, die sich durch die Nutzung oder Nichtnutzung der dargebotenen Techniken beziehen bzw. durch die Nutzung fehlerhafter und unvollständigiger Techniken verursacht werden, sind grundsätzlich ausgeschlossen.

Bei gesundheitlichen Risiken oder Beschwerden fragen Sie Ihren Arzt bevor Sie mit den Übungen beginnen!

Music-Bits behält sich ausdrücklich vor, bei einem Nachdruck Teile zu verändern, zu ergänzen oder zu löschen.

Inhalt

Vorwort zur VDNOWAS Nordic Walking Fibel

Die Menschen in Industriegesellschaften bewegen sich bekanntlich wenig – sie lassen sich vielmehr bewegen. Für die Gesundheit hat das fatale Folgen. Denn für den Menschen ist nicht ständige körperliche Ruhe und Schonung das Beste, sondern gelegentliche Belastung, sofern Art, Intensität und Umfang stimmen.

In den letzten 50 Jahren haben in Deutschland eine Reihe von chronischen Krankheiten um ein Mehrfaches zugenommen: Diabetes, Bluthochdruck, hohe Blutfette, Übergewicht, Herzinfarkt, Schlaganfall, Rückenprobleme, Gelenkverschleiß und weitere Krankheiten. Ursache hierfür ist weniger der zunehmende Anteil der Senioren, als vielmehr eine Fehlernährung, Stress – und zu wenig Bewegung. Diese chronischen Krankheiten sind wahre Volkskrankheiten geworden. Sie sind, und das ist die gute Nachricht, jedoch weitgehend vermeidbar und treten selten schicksalhaft auf.

Die Medizin hat seit dem 2. Weltkrieg große Fortschritte gemacht. Fast alle Krankheiten lassen sich heute besser behandeln als vor 50 Jahren und nicht wenige sind heilbar. Die beeindruckenden Innovationen in der Medizin sind jedoch vorwiegend bei Akutkrankheiten (z.B. Lungenentzündung) erzielt worden, weniger bei den heutigen Volkskrankheiten. Fast alle Diabetiker erleiden auch heute noch Schäden an den Augen, Nerven und Nieren und der Bluthochdruck löst bei jedem Zweiten einen Herzinfarkt oder Schlaganfall aus. Sind Schäden an wichtigen Organen wie Herz und Gehirn eingetreten, sind die Behandlungsmöglichkeit auch heute geringer als viele annehmen. Ziel sollte es daher sein, gesund ins Rentenalter zu kommen, ein Ziel, das heutzutage kaum einer erreicht. Denn wer erhofft sich nicht, noch als Senior eine hohe Lebensqualität zu haben und viele Dinge tun zu können, für die er bisher keine Zeit oder Gelegenheit hatte. Doch dazu braucht man ein funktionierendes Gehirn, ein gut pumpendes Herz, eine atmende Lunge und nicht schmerzende Gelenke. Zum Erreichen dieser Ziele ist regelmäßige und richtige Bewegung tatsächlich der wichtigste Garant.

Wie soll man sich bewegen? Diese Frage ist nicht einfach zu beantworten. Vermehrte Bewegung soll

a) die erwähnten Volkskrankheiten vorbeugen, lindern oder heilen

b) die Leistungsfähigkeit steigern

c) nahezu für jedermann ohne besondere Fähigkeiten durchführbar sein

d) nichts oder wenig kosten

e) überall anzuwenden sein.

Diese Sportart gibt es tatsächlich – Nordic Walking!

Durch den Einsatz fast aller Muskelgruppen ist der Energieverbrauch erheblich. Das wirkt sich positiv auf das Gewicht und alle kardiovaskulären Risikofaktoren aus. Nordic Walking ist gelenkschonend, insbesondere für die tragenden Gelenke an den Beinen, da der Stockeinsatz entlastend wirkt. Mit einer kompetenten Einweisung in die Theorie und Praxis kann man schon nach wenigen Stunden loslegen, effektiver als beim Joggen oder Walken und gelenkfreundlicher allemal.

Prof. Dr. med. Alfred Wirth
Internist – Kardiologe - Sportmediziner

Einleitung

Die Krankenversicherer haben die Zusammenhänge zwischen Sport, Bewegung und Gesundheit erkannt. Einige haben deshalb auch die Zusammenarbeit mit Fitness-Anbietern gesucht, andere bieten selbst Kurse und Seminare im Bewegungsbereich an.

Bei einigen dieser Angebote stehen allerdings neben Anliegen der Gesundheitsförderung und der Hoffnung, bei den Teilnehmern die Inanspruchnahme medizinischer Leistungen günstig beeinflussen zu können, Imagepflege oder Marketing-Anliegen im Vordergrund. Insbesondere im Zusammenhang mit finanziellen Leistungen der Kassen ist dieses nicht unproblematisch, da dadurch unter den Kassen ein fragwürdiger Wettbewerb bezüglich Zusatznutzen bzw. finanzieller Leistungen in diesem Bereich entsteht.

Ganz entgegen dem Bestreben, den Versicherten zu Selbstverantwortlichkeit zu motivieren, wird dadurch die Konsum-Mentalität noch gefördert. Es werden ständig bessere und höhere Leistungen in Bereichen gefordert, welche kaum zu den vordringlichen Aufgaben von Krankenversicherern gehören.

Mit Engagement will VDNOWAS die Gesundheit aller Menschen fördern. Um dies zu erreichen, sollen neue Wege begangen werden. Es geht hier darum, jene Personen, die körperlich inaktiv oder wenig aktiv sind, zu einer Verhaltensänderung zu motivieren, damit sie aktiv etwas für ihre Gesundheit tun.

VDNOWAS hat folgende Ziele und Angebote:

- Markante Verbesserung des Wissens über die präventive Wirkung von Bewegung, Ernährung und mentaler Fitness in der gesamten Bevölkerung.

- Breites Angebot von qualitativ guten und präventiv wirksamen Kursen.

- Verbesserung der individuellen Leistungsfähigkeit.

- Förderung der Gesundheit und der Lebensqualität der Bevölkerung.

Geschichte des Nordic Walking

Bereits in den 50er Jahren bauten Skilangläufer den so genannten „Skigang“ in das Sommertraining mit ein. Es wurde die Schnelligkeit durch Sprünge und die Kraftausdauer in Form langer Bergaufeinheiten im Nordic Walking-Diagonalschritt trainiert. Erst 1997 wurde der Name „Nordic Walking“ kreiert und die Sportart als Breitensport vorgestellt. Im Jahr 2000 war dieser Sport Nummer 1 in Finnland.

Harald Fichtner wurde im April 2000 in Finnland zum Nordic Walking-Master-Trainer ausgebildet. Er war der Erste im deutschsprachigen Raum, der Kurse und Trainerausbildungen anbot.

Im Sommer 2002 gründete er den VDNOWAS (Verband der Nordic Walking Schulen).

Schon jetzt arbeiten mehr als 2000 Trainer nach den Richtlinien des VDNOWAS. Das Netzwerk umfasst Deutschland, Österreich, Schweiz und Südtirol. Tschechien und Ungarn sind in Vorbereitung.

Ein sinnvolles und effektives Training

Ein sinnvolles Training sollte planmäßig und systematisch über einen längeren Zeitraum durchgeführt werden. Regelmäßiges Training ist eine wichtige Voraussetzung zur Verbesserung der Leistungsfähigkeit. Erst dann können wir unsere körperliche Leistungsfähigkeit steigern. Die Belastung sollte dem derzeitigen Trainingszustand angepasst werden. Umfang und Intensität des Trainings werden langsam gesteigert. Trainingspausen sind für den Erfolg wichtig.

Merke: Zu geringe Belastungen bringen keine oder nur geringfügige Verbesserungen. Zu hohe Belastungen führen zu Überforderung.

Unter der Voraussetzung, dass die Trainingsreize richtig gesetzt wurden, zeigt sich schon nach wenigen Wochen der gewünschte Trainingseffekt. Aufgrund des richtigen Trainings wird ein höheres Leistungsniveau erreicht.

Tipp: Zunächst die Trainingshäufigkeit steigern, später Belastungsumfang und Belastungsintensität.

Die verschiedenen Bereiche der Trainingsintensität

Wenn Sie mit dem Training beginnen, sollten Sie nicht einfach ohne Plan bzw. nach Gutdünken loslegen.

Als Einsteiger raten wir Ihnen zu zwei bis vier Einheiten pro Woche, die Sie in lockerer Intensität absolvieren sollten. Nach einiger Zeit, bzw. wenn Sie schon fortgeschritten sportlich sind, empfehlen wir Ihnen drei bis fünf mal pro Woche zu trainieren. Um eine möglich Stagnation zu durchbrechen, bauen Sie einmal in 14 Tagen eine Trainingseinheit mit höher Intensität ein, d.h. Sie geben dieses eine Mal so richtig Gas!

Außerdem existieren verschiedene Trainingsbereiche, die das jeweilige Leistungsniveau des Sportlers berücksichtigen. Diese sind:

Das Basistraining

Hier soll im Bereich von 50-65% des individuellen Maximalpulses trainiert werden. Es handelt sich damit um ein reines Gesundheits- und Grundlagentraining mit geringer Belastung, das sich auch sehr gut eignet als Rehabilitionstraining, Koronarsport, Regenerationstraining sowie als Warm-up und Cool-down. Ein Training mit dieser geringen Intensität kann auch mehrere Stunden lang absolviert werden, das bedeutet, dass ein Training in diesem Bereich ohne Probleme auch mehrmals täglich durchgeführt werden kann.

Das Entwicklungstraining

Der Puls soll bei diesem Training 65-75% der maximalen Herzfrequenz betragen. Dies ist ein Grundlagenausdauertraining mit guter Trainingswirkung auf die inneren Organe und den Stoffwechsel. Ein Training in dieser Intensität ist ein stressfreies Fettstoffwechseltraining, das zur Stabilisierung des Herz – Kreislauf –Systems beiträgt und die muskulären Enzyme für den aeroben Stoffwechsel erhöht. Das Training im Entwicklungsbereich kann bis zu einer Stunde betragen.

Das Aufbautraining

75 – 85% des Maximalpulses liegt hier die Belastungsintensität. In diesem Bereich erreicht man eine Verbesserung der aeroben Muskelausdauer, der Herz – Kreislauf – Leistung sowie der aeroben Leistungsfähigkeit allgemein. Dieses Training ist aufgrund der höheren Intensität nicht öfter als 1x pro Woche zu empfehlen.

Das Leistungstraining

85 – 100% der maximalen Herzfrequenz werden bei dieser Einheit erreicht. Die Intensität ist somit hoch bis sehr hoch. Die Ziele dieses Trainings sind eine Erhöhung der Wettkampfgeschwindigkeit und eine Verbesserung der Laktattoleranz. Dieses als „hart“ zu bezeichnende Training ist für Freizeit- und Gesundheitssportler nicht zu empfehlen. Auch Leistungssportler trainieren hier nur wenige Minuten pro Trainingseinheit.

Planung einer Nordic Walking Stunde

Aufwärmen (Warm-Up):
In den ersten zehn Minuten bringen wir den Körper langsam auf Betriebstemperatur. Wir bewegen uns im unteren Bereich der Herzfrequenz (50 – 60% des HF max.). Wir haben stets mit mindestens einem Bein Bodenkontakt, keine Sprünge.

Hauptteil:
Wir versuchen, uns je nach Trainingsziel im vorgegebenen Pulsbereich zu bewegen. Während dieser Zeit können wir alle sportmotorischen Eigenschaften wie Ausdauer, Kraft, Schnelligkeit, Beweglichkeit, Koordination, schulen und entwickeln (mindestens 30 Minuten).

Abwärmen (Cool-Down):
Zum Ende einer Übungseinheit versuchen wir, den Puls wieder zu senken. Wir gehen uns langsam aus und beenden die Stunde mit einigen Minuten Stretching und Entspannung.

Tipp: Auf genügend Flüssigkeitszufuhr achten. Bereits vor und während einer Trainingseinheit trinken. Als Faustregel gilt: 0,5 Liter pro 30 Minuten Training.

DER RICHTIGE PULS

Der wichtigste Indikator für die Intensität einer Belastung ist die Herzfrequenz (HF) oder umgangssprachlich der Puls. Die Herzfrequenz gibt an, wie oft das Herz in der Minute schlägt. Über die Messung der Herzfrequenz kann man sozusagen die „Motordrehzahl" des Herzkreislaufsystems bestimmen und beeinflussen.

Ruheherzfrequenz (RHF) / Ruhepuls

Die Ruheherzfrequenz bezeichnet die Anzahl der Herzschläge pro Minute in völliger, ununterbrochener Ruhe. Gemessen wird die Ruheherzfrequenz morgens vor dem Aufstehen.

Bei wohl keinem anderen Organ werden die positiven Effekte des Ausdauertrainings so deutlich wie bei unserem „Zentralorgan". Für ein untrainiertes Herz liegt der Normalbereich zwischen 60 und 100 Schlägen pro Minute, im Schnitt 75-mal. Also 100.000-mal am Tag. Bei einem Lebensalter von 70 Jahren demnach rund drei Milliarden Mal. Durch regelmäßiges Training kann sich der Ruhepuls z. B. auf 50 Schläge pro Minute reduzieren. Das bedeutet, das Herz spart fast 30.000 Schläge pro Tag, im Jahr muss es gut zehn Millionen Mal weniger pochen.

Der Ruhepuls sinkt von 60 bis 80 Schlägen pro Minute bei Untrainierten auf 50 bis 35 Schlägen bei Sportlern. Gleichzeitig verringert sich der Puls bei Belastungen.

Ruhepulsbestimmung:

Am Morgen messen Sie im Bett liegend Ihren Ruhepuls vor dem Aufstehen 60 Sek. lang.

Die Ruhepulsmessung ist eine Grobbeurteilung der Herz-Kreislauf-Leistungsfähigkeit. Wenn eine Erkältung oder Erkrankung im Anmarsch sind, ist der Ruhepuls bereits erhöht, noch ehe Krankheitssymptome wahrgenommen werden. Auch Medikamente können die Herzfrequenz beeinflussen.

Bewertung des Ruhepulses:

90 Schläge = untrainiert (evtl. mit Arzt besprechen)
70 - 80 Schläge = normal
60 - 70 Schläge = gut
50 - 60 Schläge = sehr gut
< 50 Schläge = Topwert (Leistungssportler oder trainierter Sportler)

Das Herz eines Trainierten schlägt pro Tag 30.000mal weniger. D. h. er spart sich gut

10 Mio. Herzschläge pro Jahr!

Die maximale Herzfrequenz (HF max.)

Die maximale Herzfrequenz ist die höchste Anzahl von Kontraktionen, die das Herz in einer Minute ausführen kann. Dieser Wert wird bei maximaler körperlicher Belastung erreicht. Die maximale Herzfrequenz ist individuell verschieden und genetisch vorgegeben.

Sie ist in der Trainingslehre eine der wichtigsten Steuerungsgrößen. Häufig orientieren sich die Vorgaben von Trainingsplänen an der maximalen Herzfrequenz, in dem die Trainingsintensitäten als Prozentzahlen dieser Größe angegeben werden.

Maximalpulsermittlung:
Die Messung sollte im Rahmen einer sportmedizinischen Untersuchung durchgeführt werden, oder verwenden Sie folgendes Berechnungsmodell

Die altersbezogene Formel zu Errechnung der maximalen Herzfrequenz:

Männer:	**220 – Lebensalter**
Frauen:	**226 – Lebensalter**

Sie berücksichtigt keine individuellen Besonderheiten der einzelnen Sportler, sondern kann nur ein pauschaler Wert sein.

Aber: auch die maximale Herzfrequenz ist ein Wert, der Veränderungen unterliegt, was Berücksichtigung in jeder modernen Trainingsplanung finden sollte.

Trainingsherzfrequenz (THF)

Ein sinnvolles und optimales Training sollte man nach seiner Herzfrequenz ausrichten. Diese Herzfrequenz ist abhängig von der geplanten Herzkreislaufbelastung.
Für den reinen Gesundheitsbereich: bis 60% der HF max.
Der Freizeit und Hobbysportler: bis 70% der HF max.
Herzfrequenz im höheren Belastungsbereich für Geübte und regelmäßig Trainierende.

Formel: z. B. (220 – Lebensalter) x 70%

<u>Beispiel:</u> 40 Jähriger Mann: (220 - 40) = 180; 180 x 0,7 = 126

Ein sinnvolles Training nach dieser HF sollte mind. 2-3x pro Woche 30-60 Minuten durchgeführt werden.

Erholungsherzfrequenz (EHF) nach der Trainingseinheit

Damit ist die Herzfrequenz nach einer sehr hohen Belastung gemeint: Während des Trainings wird der Rückgang der Herzfrequenz bewertet. Die Erholungsherzfrequenz ist die Herzfrequenz zwischen Belastungsende und kurzer Erholungsphase. Die EHF wird in der Regel nach einer Minute gemessen.

Bewertung des Erholungspulses bei sehr hohen Belastungen:
Absinken des Pulswets innerhalb einer Minute bis zu:

20 Schläge = mäßig
25 Schläge = befriedigend
30 Schläge = gut
40 Schläge = sehr gut
50 Schläge = ausgezeichnet

Pulskontrollblatt

Um Ihre Fortschritte kontinuierlich überprüfen zu können, raten wir Ihnen dazu, ein Pulskontrollblatt zu führen. Damit verschaffen Sie sich einen schnellen, objektiven Überblick über Ihre Pulswerte und somit Ihre Trainingserfolge. Vielleicht finden Sie auch einige Fehler, wie z. B. eine zu hohe Trainingsherzfrequenz oder eine zu geringe Trainingshäufigkeit. Schwarz auf Weiß dokumentiert haben Sie auf jeden Fall die Möglichkeit, Negatives sowie Positives an Ihrem Training genau zu erkennen.

Bei Bedarf können Sie nebenstehendes Pulskontrollblatt auch direkt bei VDNOWAS bestellen: Hotline: 09634/915150

IHR PERSÖNLICHES PULSKONTROLLBLATT

Name: ______________________ Maximalpuls: ______________________

Vorname: ______________________ 60% Belastung: ______________________

Alter: ______________________ 70 % Belastung: ______________________

Kurs: ______________________ 80% Belastung: ______________________

Datum	Ruhepuls	∅ Belastungspuls	Erholungspuls	Trainingsumfang	Bemerkung
03.08.	*62*	*140*	*110*	*33min, 4km*	*Gut gefühlt*

Legende:

Maximalpuls:
beschreibt den Puls, der maximal erreicht werden kann (100%); berechnet sich aus: 220 – Lebensalter (Männer) bzw. 226 – Lebensalter (Frauen)

Ruhepuls:
beschreibt den Puls in Ruhe am Morgen nach dem Aufwachen

Belastungspuls:
beschreibt den Puls während der Belastung

Erholungspuls nach der Trainingseinheit:
beschreibt den Puls 1 Minute nach der Belastung

Trainingsumfang:
Eintrag von absolvierter Strecke und Zeit

Bemerkungen:
Besonderheiten, welche vor, während oder nach der Belastung auftreten (Schmerzen, Unwohlsein, Fortschritte, Erfolge, etc.)

Ermittlung des IST-Zustandes

Bevor Sie mit einem Nordic – Walking Training beginnen, sollten Sie erst Ihren Ist – Zustand feststellen.

Wir empfehlen, den folgenden Fragebogen zu nutzen. Somit können Sie Ihren Gesundheitszustand dokumentieren und sehen auf einen Blick Ihre Problempunkte.

Fragebogen zum Gesundheitszustand

Bei der Ermittlung Ihres allgemeinen Gesundheitszustandes hilft Ihnen folgender Fragebogen. Sie sollten ihn gewissenhaft und vollständig ausfüllen.

Ja	*Nein*	
☐	☐	*1. Hat Ihr Arzt / Ihre Ärztin Ihnen je geraten, sich erst nach einer gründlichen ärztlichen Untersuchung körperlich zu betätigen?*
☐	☐	*2. Ist bei Ihnen eine Lungen- oder Herzerkrankung bekannt?*
☐	☐	*3. Hatten Sie je Brustschmerzen oder Herzrhythmusstörungen bei körperlicher Belastung?*
☐	☐	*4. Hatten Sie im letzen Monat Brustschmerzen oder Herzrhythmusstörungen ohne körperliche Belastung?*
☐	☐	*5. Haben Sie jemals das Gleichgewicht wegen Schwindel verloren oder sind Sie je ohnmächtig geworden?*
☐	☐	*6. Haben Sie ein Knochen- oder Gelenkproblem, das sich unter körperlicher Aktivität verschlechtern könnte?*
☐	☐	*7. Hat Ihnen der Arzt / die Ärztin letzthin Medikamente (z. B. Wassertabletten) gegen Bluthochdruck oder zur Herzstärkung gegeben?*
☐	☐	*8. Fühlen Sie sich zur Zeit krank, sind Sie erkältet oder haben Sie Fieber?*
☐	☐	*9. Ist Ihnen irgendein anderer Grund bekannt, warum es Ihnen nicht möglich sein sollte, sich körperlich zu betätigen (z. B. voller Magen, Müdigkeit, Unwohlsein)?*

10. Risikofaktoren:

☐ ☐ *Ich rauche*
☐ ☐ *Ich bin zuckerkrank*
☐ ☐ *Ich bin stark übergewichtig*
☐ ☐ *Ich habe zu hohe Blutfette (Cholesterin)*
☐ ☐ *Ich habe einen zu hohen Blutdruck*

☐ ☐ *11. Ich nehme zur Zeit Medikamente:* ☐ *regelmäßig*
☐ *unregelmäßig*

wenn ja – welche: ________________________________

Wenn Sie nun eine der Fragen 1 - 11 mit "Ja" beantwortet haben, raten wir Ihnen nachdrücklich zu einem Arztbesuch, bevor Sie mit einem Training beginnen. Dieser ist ebenfalls sinnvoll bei:

- einem akuten Infekt
- psychisch emotionalem Stress
- ab dem 4. Schwangerschaftsmonat
- Blutdruck: diastolisch höher als 100mmHg
  systolisch höher als 180mmHg
- Herzschrittmacher
- Stoffwechselerkrankungen wie Diabetes
- chronischen Infektionen
- rheumatischen Erkrankungen, welche sich unter Belastung verschlechtern

Trotzdem: Nur der Arzt kann bestätigen, dass körperliche Betätigung ohne Risiko möglich ist. Ein Arztbesuch ist daher generell vor Aufnahme eines Trainings zu empfehlen.

Nordic Walking Fitnesstest: Testen Sie Ihre aktuelle Fitness im Nordic Walking

Zur Feststellung Ihres aktuellen Leistungsniveaus und zur Dokumentation Ihrer Trainingsfortschritte sind Tests unerlässlich. Der hier folgende basiert auf praktischen Studien im Nordic – Walking und berücksichtigt verschiedene Altersgruppen.

Die Tabelle wurde konzipiert speziell für Nordic – Walker, da mit den bereits bestehenden Tests nur einzelne sportmotorische Fähigkeiten gemessen werden. Ihre derzeitige Fitness speziell im Nordic Walking ermitteln Sie, indem Sie Ihr persönliches Ergebnis mit den Angaben der Tabelle vergleichen.

Günstig zur Durchführung dieses Tests ist eine 2 km lange Strecke. Es kann jede ebene Strecke im Wald oder auf einer wenig befahrenen Straße benutzt werden, die vorher genau abgemessen wurde.

Die Testaufgabe lautet:

Gehen Sie in Ihrer größtmöglichen Geschwindigkeit und versuchen somit möglichst schnell die Strecke zurückzulegen. Nachdem sie die 2km geschafft haben, ermitteln Sie die dafür benötigte Zeit. Suchen Sie Ihre Leistung in Ihrer Altersgruppe. Wie Ihr Ergebnis zu bewerten ist, können Sie der Nordic – Walking – Fitness - Tabelle in der rechten Spalte entnehmen.

NORDIC WALKING FITNESS - TABELLE

2 Kilometer	bis 30 Jahre	bis 40 Jahre	bis 50 Jahre	bis 60 Jahre	über 60 Jahre	Bewertung
Benötigte Zeit in Minuten	13	14	15	16	17	☺
	14	15	16	17	18	☺
	15	16	17	18	19	☺
	16	17	18	19	20	😐
	17	18	19	20	21	😐
	18	19	20	21	22	😐
	19	20	21	22	23	😐
	20	21	22	23	24	😐
	21	22	23	24	25	☹
	22	23	24	25	26	☹
	>23	> 24	> 25	>26	>27	☹

Tipp: **Wiederholen Sie diesen Test alle 8 Wochen, um eine Leistungssteigerung bewusst zu machen!**

Laktat – Test

Das optimale Vorgehen zur Dokumentation Ihres Leistungsstandes wäre, einen Laktattest durchführen zu lassen. Besonders für fortgeschrittene Ausdauersportler oder besonders ambitionierte Sportler wäre dies empfehlenswert. Dieser Test ermöglicht eine sehr genaue Bestimmung der aeroben und anaeroben Stoffwechsellage und ist bei der Trainingssteuerung hilfreich. Der Test findet entweder im Labor auf dem Radergometer bzw. Laufband statt oder wird als sportartspezifischer Feldstufentest durchgeführt. Dabei wird durch Abnahme von Blut aus dem Ohrläppchen die Laktatkonzentration im Blut bestimmt. Die Belastung wird kontinuierlich gesteigert, und am Ende jeder Belastungsstufe wird Blut abgenommen. Die Bildung von Milchsäure und deren Anhäufung im Blut kann so gemessen werden. Dadurch lässt sich eine so genannte Laktat-Leistungskurve erstellen, aus der man die individuelle Ausdauerleistungsfähigkeit ablesen kann.

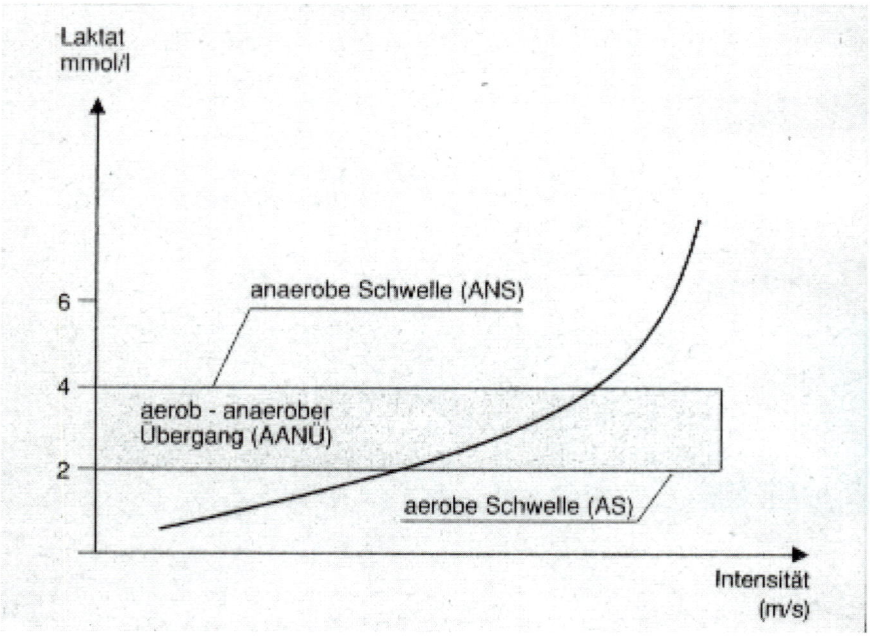

Hier ein Beispiel einer Laktatleistungskurve mit Laktatschwellenbereichen

Milchsäure, auch Laktat genannt, ist das Endprodukt des anaeroben, also sauerstoffarmen Stoffwechsels. Laktatbildung ist immer ein Zeichen dafür, dass die Energie der Muskulatur durch eine zu hohe Belastungen knapp wird. Dadurch kommt es zu einer Übersäuerung, und es kann bis zum Leistungsabbruch führen. Wenn vermehrt Laktat gebildet wird, dann ist das immer ein Zeichen dafür, dass die beanspruchte Muskulatur nicht hinreichend Sauerstoff zur Energiefreisetzung nutzen kann. Subjektive Anzeichen für eine schwindende Leistungsfähigkeit sind zum Beispiel ein „Brennen“ der verhärteten Muskeln oder „schwere“ Beine.

Was besagen die Laktatwerte?

Im Ruhezustand liegt die Laktatkonzentration im Blut bei 0,7 bis zwei mmol/l. Eine Trainingsbelastung, die die Laktatkonzentration bis zu vier mmol/l steigen lässt, wird als aerob bezeichnet.

Bei einer Laktatkonzentration um vier mmol/l befindet man sich in aerob-anaeroben Schwellenbereich. Ab einer Laktatkonzentration von über vier mmol/l beginnt der anaerobe Bereich. Dies ist für Freizeitsportler nicht empfehlenswert, nur Wettkampf- und Leistungssportler sollten ein Training mit Sauerstoffschuld absolvieren.

Empfehlung:

Auf der DVD „Nordic Walking Compact“ finden Sie im Kapitel Trainingslehre eine Aufzeichnung eines medizinischen Laktattests.

Die richtige Stocklänge

Da Nordic Walking entscheidende Einflüsse auf den Körper ausübt, sollte man nur das auf die eigene Person abgestimmte Material verwenden. Dazu gehören beim Nordic Walking vor allem die Stöcke. Doch Stöcke kaufen allein genügt nicht. Es ist kein Geheimnis, dass die Qualität stimmen muss, besonders aber die optimale Stocklänge wichtig ist. Diese ist unabdingbar, um die richtige Nordic Walking Technik korrekt praktizieren zu können. Diese richtige Arm – Stock – Technik ist wiederum nötig, um größtmöglichen gesundheitlichen Nutzen aus diesem Sport ziehen zu können. Nur mit der richtigen Stocklänge und mit der richtigen Technik werden vernachlässigte Muskeln aufgebaut, der Körper beweglicher gemacht, das Herz – Kreislauf –System optimal trainiert und der Grundumsatz entscheidend erhöht.

Wie ermittelt man die optimale Stocklänge? Die optimale Stocklänge für Nordic Walking ist dann gegeben, wenn beim Diagonalschritt die Technik mit kompletter Armzug- und Stockschubphase einen runden Bewegungsablauf ergibt, ohne dass dabei unnatürlich große Schritte bzw. unphysiologische Ausgleichsbewegungen in der Schulter entstehen. (Die richtige Diagonalschritt – Technik entnehmen Sie bitte dem „Technik“ – Kapitel).

Zu Beginn der Nordic Walking Bewegung verwendete man die Formel Körpergröße x 0,7 bzw. sollten sich beim Halten des Stockes Ober- und Unterarm in rechtem Winkel zueinander befinden.

Die Praxis zeigt jedoch, dass oft zu lange Stöcke verwendet werden, so dass die optimale Nordic Walking Technik nur eingeschränkt möglich ist. Das heißt, dass beim Diagonalschritt kein runder, harmonischer Bewegungsablauf entstehen kann und dadurch Ausgleichbewegungen oder überlange Schritte ausgeführt werden müssen. Da jedoch die anfangs erwähnten speziellen Gesundheitseffekte sich nur bei korrekt ausgeführter Technik einstellen können muss das Material optimal auf den Benutzer abgestimmt sein.

Wir empfehlen die Formel Körpergröße x 0,68. Jedoch muss noch auf die Körperproportionen, wie Verhältnis Oberkörper zu Unterkörper, Armlängen, Beweglichkeit von Schulter und Brust und die vorhandene Kraft

berücksichtigt werden. Es ist unabdingbar, die richtige Stocklänge immer in der Praxis mit Hilfe eines erfahrenen VDNOWAS – Trainers zu ermitteln. Optimal wäre hier eine Videoanalyse. Desweiteren empfehlen wir ausschließlich

einteilige Nordic Walking Stöcke

zu benutzen. Die Vorteile gegenüber geteilten/verstellbaren Stöcken sind:

- geringeres Gewicht
- verminderte Bruchgefahr
- schöneres Pendeln des Stockes
- gelenkschonender Bewegungsablauf

Nordic Walking: Ein abwechslungsreiches und effektives Training

Im Folgenden stellen wir Ihnen die Techniken im Nordic Walking vor und Sie erfahren, welche Technik Sie wählen können, um ein bestimmtes Trainingsziel zu erreichen.

Der Diagonalschritt

Der Diagonalschritt beginnt mit einem gleichzeitigen Bein- und Armabstoß (diagonal).

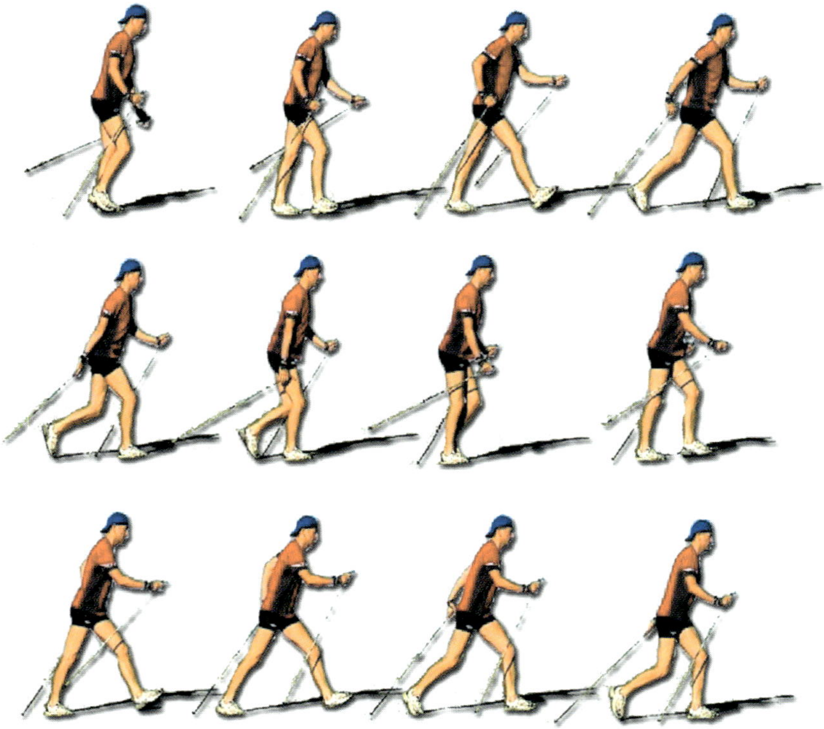

Beim Nordic Walking machen wir einen langen Schritt. Es ist darauf zu achten, dass der Arm zuerst locker nach vorne pendelt und anschließend weit nach hinten durchgeschoben wird. So wird die Beweglichkeit der Schulter erhöht.

Der Nordic Walking Stock wird schräg mit spitzem Winkel nach hinten in Schubrichtung eingesetzt. Am Ende des Diagonalschrittes sind Abstoßbein und der Arm gestreckt. Der Oberkörper ist während des gesamten Bewegungsablaufes leicht vorgebeugt. Durch das Schlaufensystem ist es möglich, den Stock locker in den Händen zu halten. Am Ende des Arm-Stock-Schubes gleitet der Griff aus der Hand heraus, Finger sind leicht geöffnet, der Stock wird noch mit Daumen und Zeigefinger geführt.

Beim Beginn der Arm-Stock-Arbeit (kurz vor dem Bodenkontakt der Stockspitze) schließt sich die Hand und es wird wieder Druck über das Schlaufensystem auf den Stock aufgebaut.

Diese Technik ist die Grundtechnik des Nordic Walking. 90% der Zeit einer Trainingseinheit wird diese Technik ausgeübt. Damit stellt der Diagonalschritt eine gute Möglichkeit dar, die Ausdauer zu schulen.
Unter der Ausdauer versteht man die physische und psychische Ermüdungswiderstandsfähigkeit des Sportlers. Sie beinhaltet die Fähigkeit einem Reiz, der zum Abbruch der Belastung auffordert, möglichst lange widerstehen zu können.

Besonders geeignet zum Training dieser sportmotorischen Fähigkeit ist eben der auf längere Zeit anwendbare Diagonalschritt. Er stellt somit die Grundtechnik zum Training der Ausdauer dar. Zu beachten dabei ist allerdings, dass man eine Belastungsdauer von ca. 60 Minuten wählt, um Fortschritte in der Ausdauerleistung bewirken zu können. Wenn Sie so trainieren, wenden Sie die Dauermethode an.

Die Dauermethode

Ist die Haupttrainingsmethode zur Entwicklung und Verbesserung der allgemeinen aeroben Ausdauer. Sie zeichnet sich durch eine andauernde Belastung ohne Pause aus. Die Belastungsintensität ist mittelhoch, die Belastungsdauer hoch bis sehr hoch. Nordic Walking im Diagonalschritt ist also bestens dazu geeignet, eine Trainingseinheit in der Dauermethode zu absolvieren!

Sehr gut eignen sie sich auch die anderen Techniken als Auflockerung und Abwechslung bei einer längeren Trainingseinheit. Indem Sie die Möglichkeit zum Wechseln haben, wird es Ihnen beim Ausdauertraining mittels Nordic Walking nicht langweilig werden.

In kaum einer anderen Sportart können Sie auf so vielfältige Weise Ihr Ausdauertraining absolvieren!

Die sieben Schritte zum Erlernen des Diagonalschritts

1. Funktionelles Gehen

Ziel dieser Übungsreihe:

Schulung des Körpergefühls. Kennen lernen des funktionellen Gehens.

Durchführung:

Es werden zuerst Körpererfahrungsübungen zum funktionellen Gangablauf durchgeführt:

- wie gehe ich?
- wie rolle ich ab?
- wo verlässt mein Fuß den Boden?
- wie gehe ich schnell und langsam?
- wie gehe ich motiviert, traurig oder gehetzt?

Danach wird den Teilnehmern erklärt, wie ein physiologisches Gangbild in der Aufsetzphase, Hauptphase und Abdruckphase aussieht. Dieses wird in Ruhe geübt. Die Nordic Walking Stöcke können während der gesamten Übungen locker neben dem Körper geschleift oder weggelegt werden. Im Sommer ist es schön Übungen zum Gehen barfuß auf einen Rasen durchzuführen.

Übungen:

Der große, lange, gleichmäßige Schritt

- ohne Stöcke gehen und den Schritt langsam immer länger werden lassen, dabei den Oberkörper nicht oder nur wenig aufschaukeln (schleichen, leise gehen)

- über den ganzen Fuß abrollen, mit einem betonten Fußabdruck nach vorne

- das Gleiche mit dem Stock, der in der Mitte am Schaft gehalten wird oder mit Gewichten

- lange Schritte rückwärts gehen zur Verbesserung der Koordination und des Fußabrollens

Erklärung:

Viele Menschen können heutzutage kaum noch gehen. Die aktive Aufsetzphase und der Abdruck fehlen häufig. Es bestehen Defizite in der Hüftstreckung. Die Füße werden stark außenrotiert aufgesetzt usw. Dies liegt unter anderem an falschem Schuhwerk, welches über Jahre getragen wurde und/ oder mangelnder Fuß- und Beinmuskulatur. Fußfehlstellungen wie Senk-, Spreiz- und Plattfüße, sowie Hallux Valgus und Fersensporne finden sich bei sehr vielen Menschen. Nur eine bewusste Gangschule kann dieses Problem lindern und den Teilnehmern ihre Defizite bewusst machen.

2. Diagonale Stockführung

Ziel dieser Übungsreihe:

Erlernen und bewusst machen des diagonalen Armschwungs mit lockeren Armen als natürliche Bewegung des Menschen.

Durchführung:

Die Teilnehmer sollen zügig gehen und beobachten was ihre Arme tun. Für gewöhnlich bewegen sich die Arme diagonal zur Beinbewegung mit (reaktiver Armschwung).

Nach dieser Phase der Körpererfahrung soll die Schrittlänge und die Dynamik beim Gehen vergrößert werden. Der Armpendel wird dann automatisch stärker.

Nun soll der Armpendel bewusst durchgeführt werden. Die Schritte sollen dynamisch bleiben.

Während der gesamten Übungsabläufe ist darauf zu achten, dass die Teilnehmer lockere Pendelbewegungen aus der Schulter durchführen. Es sollte keine verkrampfte Beugung in den Ellbogen erfolgen. Die Schultern dürfen nicht steif und hochgezogen sein. Die Bewegung muss eine „Schwungbewegung“ darstellen und darf nicht „steif geführt“ aussehen.

Übungen:

Wenn verkrampfte Ausführungen zu sehen sind ist es sinnvoll im Stand Lockerungsübungen für den Schultergürtel durchzuführen und Pendelübungen im Stand, wie z.B.:

- Armschwünge beidarmig und diagonal ohne Stöcke
- Armschwünge mit mittig gehaltenen Stöcken
- Armpendelübungen zu zweit gegenüber, die Stöcke jeweils am Ende fassend
- Nachziehen der Stöcke mit den Händen in der Schlaufe im Gehen ohne den Griff zu fassen, Tempo steigern bis ein natürlicher diagonaler Armschwung einsetzt
- Mit den Händen in der Schlaufe den Griff fest fassen und ohne Bodenkontakt im Gehen diagonal schwingen
- Verschiedene diagonale Koordinationsübungen, falls Probleme mit dem diagonalen Bewegungsablauf auftreten

Erklärung:

Die Diagonalbewegung der Arme ist ganz natürlich und resultiert aus der Gegenrotation von Hüfte und Schultergürtel. Die Hüft- und Beinbewegung beim Gehen wird über eine diagonale Schultergürtel- und Armpendelbewegung unterstützt und stabilisiert.
Nur ganz selten ist eine Störung dieses Bewegungsmusters zu sehen, wenn Personen massive Probleme im Bereich der Hals-, Brustwirbelsäule oder Schulter haben oder starke koordinative Defizite aufweisen. Bei solchen Einschränkungen sollte der „lockere“ Armpendel verstärkt trainiert werden.

3. Aktiver Abdruck über das Schlaufensystem (diagonal)

Ziel dieser Übungsreihe:

Erlernen eines aktiven Abdrucks über das Schlaufensystem des Nordic Walking Stocks. Die Teilnehmer sollen „Vertrauen in das Schlaufensystem" aufbauen und lernen, dass sie ihr Körpergewicht den Schlaufen „anvertrauen" können.

Durchführung:

Die Teilnehmer gehen in den hüftbreiten Stand und sollen die Stöcke vor oder neben sich auf den Boden stellen. Nun wird isometrischer Druck auf das Schlaufensystem ausgeübt, wobei die Hände locker geöffnet bleiben sollen. Die Teilnehmer sollen erspüren, was der Druck in das Schlaufensystem für Auswirkungen hat. Es sollte gespürt werden, dass Bauch-, Rücken-, Arm- und Schultermuskulatur angespannt sind und dass sich das Gewicht unter den Füßen verringert. Es ist nun möglich verschiedene Übungen durchzuführen, die das „Vertrauen in das Schlaufensystem" stärken sollen, da viele damit Probleme haben ihr Gewicht in die Handschlaufen zu bringen. Folgende Übungen sind zum Beispiel möglich:

- paralleler, hüftbreiter Stand: Druck in die Schlaufen geben und so weit nach vorne und nach hinten durch die Stöcke gehen, wie maximaler Druck auf die Schlaufen gehalten werden kann

- gleiche Übung wie oben, nur einarmig mit seitlicher Stockführung

- Übung in Schrittstellung mit diagonalem Stockeinsatz: Druckaufbau über das Schlaufensystem vor dem Körper – durchschieben des Stockes hinter die Hüfte bei gleichzeitigem Fußabdruck

Erklärung:

Nur optimaler Druckaufbau und ein aktiver Abdruck über das Schlaufensystem ermöglicht eine effiziente Nordic Walking Technik, da nur so die Gelenke optimal entlastet und die Muskulatur trainiert werden kann.

Übungen:

- Einseitiger / Beidseitiger kräftiger Armabstoß, dann 2-3 Schritte gehen

- Einseitiger Armschub im Gehen (re/li), zuerst jeden vierten Schritt, dann jeden zweiten Schritt – der andere Stock wird in der Mitte am Schaft gehalten

- Beidseitiger Armschub > zuerst jeden dritten Schritt, später jeden zweiten Schritt Stockeinsatz

- Funlauf mit / ohne Abdruck über die Handschlaufe durchführen, Unterschiede spüren

4. Handtechnik

Ziel dieser Übungsreihe:

Erlernen einer lockeren, rhythmischen Handbewegung beim Nordic Walking. In der Stockeinsatzphase vor dem Körper schließt sich die Hand locker um den Griff. Dann wird der Stock mit locker geschlossener Hand und gleich bleibendem Druck über das Schlaufensystem nach hinten durchgeschoben. Hinter der Hüfte gleitet der Stockgriff locker zwischen Daumen und Zeigefinger aus der Hand heraus. Die Hand wird locker geöffnet.

Durchführung:

Stockeinsatzphase vor dem Körper:
Die Teilnehmer stehen und halten die Stöcke mit lockerer Hand vor dem Körper hoch. Nun wird der rechte Stock in Schubrichtung in den Boden gestoßen. Die Teilnehmer sollen beobachten, was die Hand macht. Wenn die Hand oben locker geöffnet war schließt sie sich beim Aufprall des Stocks auf den Boden über den „Greifreflex“. Diesen Greifreflex sollte man sich

zunutze machen, um den Teilnehmern eine möglichst natürliche Nordic Walking Bewegung zu vermitteln. Es sollte den Teilnehmer klar gemacht werden, dass sich die Hand vorne von alleine schließt, wenn sie locker gehalten wird und ein optimaler Druck über das Schlaufensystem ausgeübt wird.

Abdruckphase ab Hüfte nach hinten:

Die Teilnehmer werfen aus der Schrittstellung den diagonalen Stock nach hinten und öffnen dabei die Hand („werft die Stöcke in die Büsche"). Dann wird der Arm wieder dynamisch mit offener Hand vorgeschwungen und der Stock vorne wieder aufgefangen. Die Übung ist auch mit beiden Armen parallel oder im Wechsel möglich und zusätzlicher diagonaler Beinbewegung.

Umsetzung im Diagonalschritt:

Die Teilnehmer sollen nun die aktive Handbewegung während des Gehens im Diagonalschritt umsetzen. Wenn die Umsetzung noch nicht funktioniert sollten Teile der Übungsreihen wiederholt werden oder zum Beispiel Übungen in Zeitlupe etc. durchgeführt werden.

Erklärung:

Das Erlernen einer lockeren, rhythmischen Handbewegung beim Nordic Walking, die durch Aktivierung der Muskelpumpenfunktion der Unterarm- und Handmuskulatur zu einer besseren Durchblutung der Hand-, Arm- und Schultermuskulatur führt.

5. Armführung in der Sagittalebene

Ziel dieser Übungsreihe:

Erlernen einer guten Armführung, wobei der Arm locker und lang nach vorne geschwungen wird, sowie bewusst und mit optimalem Druck über das Schlaufensystem hinter die Hüfte durchgeschoben wird. In der Phase des Durchschiebens sollte der Arm leicht gebeugt sein und wird dann in der Abdruckphase wieder gestreckt. Durch dieses Strecken, Beugen und Strecken hat man in jeder Position des Stocks eines optimalen Vorschub.

Durchführung:

Umsetzung der Armbewegung zu zweit. Einer steht mit dem Rücken zum anderen und hat die Hände fest in den Schlaufen. Der andere steht dahinter und fasst die Stöcke des Vordermanns an den Enden. Der Vordermann versucht nun in Zeitlupe die Abdruckbewegung und Armführung nach hinten, gegen den Widerstand den der Hintermann ihm gibt, durchzuführen. Der Hintermann kann die Bewegung über den Widerstand beeinflussen und eventuell führen. Die Vorwärtsbewegung sollte schwungvoll und ohne Widerstand durchgeführt werden.

Die Übung kann sowohl in Schrittstellung einarmig, als auch beidarmig im Wechsel oder parallel durchgeführt werden.

Erklärung:

Nur eine optimale Durchschubbewegung hinter die Hüfte ermöglicht ökonomische, hohe Gehgeschwindigkeiten im Nordic Walking. Nur durch diese Gesamtbewegung kann die komplette Beweglichkeit des Schultergelenks ausgenutzt und erhöht werden.

6. Armführung aus der Frontalebene betrachtet

Ziel dieser Übungsreihe:

Viele Teilnehmer stolpern zu Beginn über ihre Stöcke, was durch eine falsche Stockführung von hinten nach vorne ausgelöst wird. Die Stöcke werden zum Beispiel kreisförmig über außen, rechts und links unterschiedlich oder von hinten nach vorne außen geführt. Die Übungsreihe soll eine natürliche Stockführung von hinten außen auf einen leichten Diagonalen nach vorne innen trainieren (nah an der Hüfte entlang).

Durchführung:

Die Teilnehmer sollen verschiedene Stockschwungtechniken nach vorne ausprobieren:

- von hinten nach vorne außen (Achtung Stolpergefahr)
- Armbewegung auf äußerer Kreisbahn (Achtung Stolpergefahr)
- Armbewegung diagonal nach extrem vorne innen
- Armbewegung diagonal nach leicht vorne innen

Normalerweise empfinden die meisten Leute die leicht diagonale Stockführung nach vorne innen als angenehmsten. Diese sollte dann auch geübt werden. Sie kann auch im Stand als Schwungübung durchgeführt werden.

Erklärung:

Leichte Diagonalbewegungen liegen in der Natur des Menschen und gehören zu den natürlichen Funktionsmustern. Da alle unsere Muskeln diagonal angeordnet ist, vollziehen sich eigentlich alle Menschlichen Bewegungen auf leicht diagonalen Bahnen, außer es liegen Funktionsstörungen vorn. Diese können durch Verletzungen oder muskuläre Dysbalancen ausgelöst werden. Abweichungen von der diagonalen Armführung können auf Schulter- oder HWS-Probleme, sowie muskuläre Probleme im Schulter- Nackenbereich hinweisen.

7. Schrittlänge/ Geschwindigkeit und Körpervorlage

Ziel dieser Übungsreihe:

Die meisten Teilnehmer gehen beim Nordic Walking zu Beginn zu langsam, da sie noch zu sehr mit sich und der Technik beschäftigt sind. Wenn sich die Technik gefestigt hat sollte eine dynamische Gangtechnik mit langen Schritten und leichter Körpervorlage erlernt werden.

Durchführung:

Die Teilnehmer sollen versuchen, sich mit unterschiedlicher Kraft von den Stöcken abzudrücken. Je mehr Druck sie auf das Schlaufensystem in der Abdruckphase ausüben, umso länger werden die Schritte und umso mehr Körpervorlage müssen sie einnehmen.

Erklärung:

Es ist am sinnvollsten die Geschwindigkeitsvariationen über den aktiven Armeinsatz zu vermitteln, da sich die Schrittlänge bei stärkerem Abdruck automatisch anpasst. Wenn die Geschwindigkeit über eine Verlängerung der Schritte erfolgt kann es sein, dass der aktive Armeinsatz darunter leidet, da dieser für die Teilnehmer eher ungewohnt ist.

Der 1 – 2 Schritt

Beide Nordic Walking Stöcke werden zur gleichen Zeit, schräg und mit spitzem Winkel nach hinten in Schubrichtung eingesetzt. Bei der 1-2-Schritttechnik bleibt der lange Schritt. Die Arme werden kraftvoll nach hinten durchgezogen, der letzte Druck kommt über die Schlaufe.

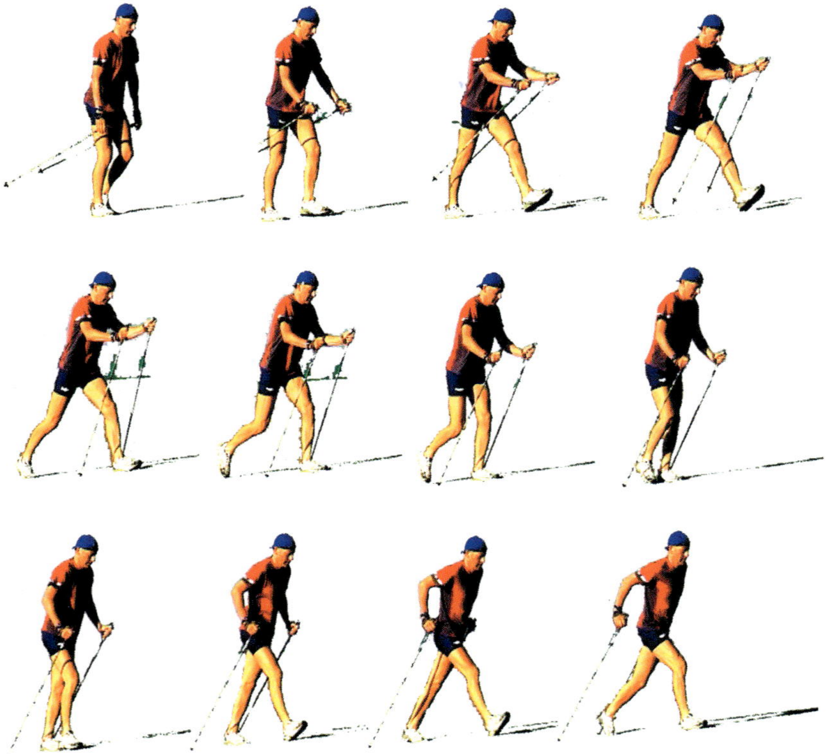

Der Oberkörper hat während des gesamten Bewegungsablaufes eine leichte Körpervorlage. Der Beinabstoß wird mit einem Doppelstockschub eingeleitet. Man schiebt sich entweder vom linken auf das rechte Bein vor oder umgekehrt.

Erfolgt der Doppelstockschub von links nach rechts werden die Stöcke gleichzeitig mit dem Abstoßbein, in diesem Fall links, wieder locker nach vorne gebracht und ein erneuter Schritt mit beidseitigem Doppelstock beginnt. Da man bei dieser Technik immer einseitig arbeitet, muss bei längerer Anwendung die Seite geändert werden, um einseitigen Belastungen vorzubeugen.

Der 1 – 2 Schritt ist die optimale Technik bergauf. Hier wird besonders die rückseitige Oberkörpermuskulatur gekräftigt, und zwar viel stärker als bei anderen Techniken. Kraft wird definiert als die Fähigkeit, einem äußeren Widerstand zu überwinden oder ihm entgegenzuwirken.

Diese Fähigkeit der Kraft kann mit der 1-2 Technik optimal trainiert werden. Wenn Sie die Technik des 1 –2 Schrittes über längere Zeit anwenden wird besonders die Kraftausdauer ausgebildet, die definiert wird als die Ermüdungwiderstandsfähigkeit bei lang andauernden oder sich wiederholenden Kraftleistungen.

Die Rückenmuskeln werden bei Verwendung des 1 – 2 Schritts stark angesprochen, ein Bereich, der im Alltag vernachlässigt werden.

Sie sehen, dies ist eine optimale Technik zur Kräftigung der Muskulatur des Oberkörpers, besonders der Partien, die es dringend benötigen: vor allem Latissimus, Trizeps und Trapezmuskel.

Nordic Jogging

Nordic Jogging ist mit dem Diagonalschritt vergleichbar, der Bewegungsablauf ist jedoch dynamischer. Nach jedem Bein- und Stockabstoß ist der gesamte Körper in der Luft, also kein Bodenkontakt mehr vorhanden.

Diese Technik ist für gesunde und leistungsfähige Nordic Walker gedacht, da am Berg ein sehr hoher Puls erreicht werden kann. Bergab kann diese Technik auch von konditionell schwächeren Personen eingesetzt werden. Der Schritt, die Armbewegung und der Arm-Stock-Einsatz ist bergab ganz locker.

Da beim Nordic Jogging eine hohe Intensität erreicht werden kann, ist diese Technik gut bei einem Training in der Intervallmethode oder in der Wiederholungsmethode geeignet.

Die Intervallmethode

Die Intervallmethode ist eine Ausdauertrainingsmethode die durch einen systematischen (zyklischen, rhythmischen oder phasenhaften) Wechsel von Belastung und Erholung bzw. von Arbeit und Pause gekennzeichnet ist. Die Erholungszeiten zeichnen sich durch unvollständige Pausen (lohnende Pausen) aus. Diese lohnenden Pausen dauern nur so lange bis der Pulswert bei ca. 120 gelandet ist.

Insgesamt werden bei der Intervallmethode im Gegensatz zur Dauermethode höhere Intensitäten und geringere Trainingsumfänge gewählt. Vor allem für gut Trainierte ist die Intervallmethode also interessant. Mittels der Technik „Nordic Jogging“ kann sie gut ausgeführt werden.

Die Wiederholungsmethode

Bei einem Training nach der Wiederholungsmethode wird eine Strecke jeweils nach vollständiger Erholung mit maximaler Intensität absolviert. Durch die hohe Intensität ist der Umfang des Trainings begrenzt.

Nordic Jogging in größtmöglichem Tempo stellt eine geeignete Technik für diese Trainingsmethode dar.

Der Funlauf

Der Bewegungsablauf gleicht dem Diagonalschritt. Nach einem dynamischen Beinabstoß ist der ganze Körper in der Luft. Wir wollen hier nicht Distanz, sondern Höhe erreichen. Der Oberkörper ist dabei fast ganz gerade.

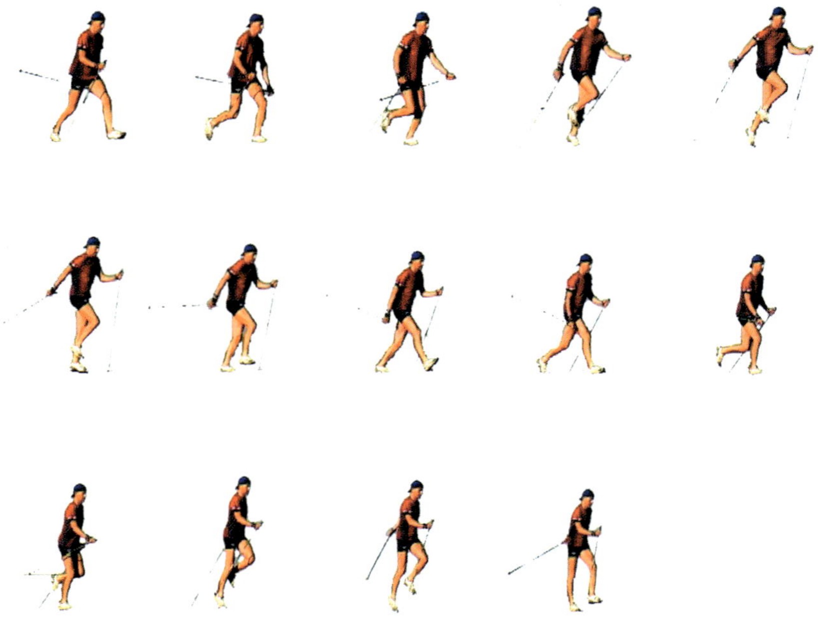

Diese Technik stellt eine geeignete Auflockerung des Trainings dar. Bei jeglicher Trainingsmethode kann der Funlauf als Variation eingeschaltet werden. Der Funlauf ist eine gute Abwechslung in Ihrem Training.

Außerdem wird beim Funlauf die zu Verkürzung neigende Muskulatur wie Trapezmuskel, Rückenstrecker und großer Brustmuskel bei jedem Stockeinsatz gedehnt. Auch bei anderen Techniken strecken Sie durch Ihre korrekt ausgeführte Stockführung besagte Muskulatur in die Länge. Durch die dynamische Beinbewegung beim Funlauf dehnen Sie außerdem bei jedem Ihrer Schritte den zu Verkürzung neigenden Schenkelstrecker, Kniebeuger und den zweiköpfigen Waden- und Schollenmuskel.

Sie trainieren also beim Nordic Walking die Beweglichkeit Ihrer Gelenke und Ihre Muskulatur automatisch! Sie beugen den beschriebenen Verkürzungen und Dysbalance vor und können durch das Ausführen bestimmter Techniken bestehende Leiden sogar mindern.

Eines jedoch müssen Sie beachten: Führen Sie die Techniken „Funlauf“ und alle Sprünge nur aus, wenn Sie gesund sind, keine Gelenkprobleme haben, außerdem nur auf weichem Boden in gutem Gelände und niemals bergab!

1-1 Sprünge einbeinig und beidbeinig

Beim 1 – 1 Sprung wird jeder Beinabstoß mit einem Doppelstockschub eingeleitet.

einbeinig

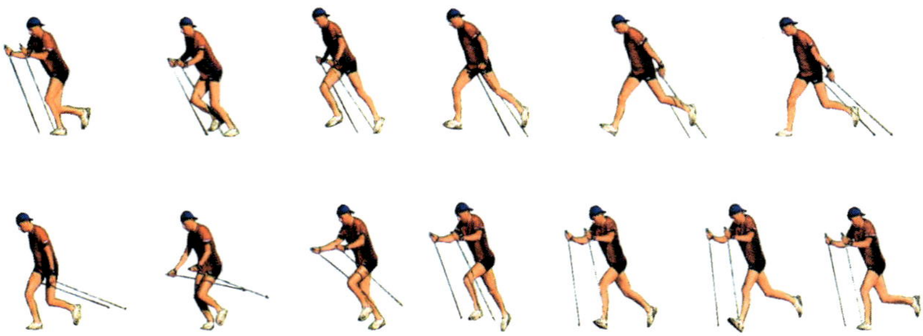

beidbeinig

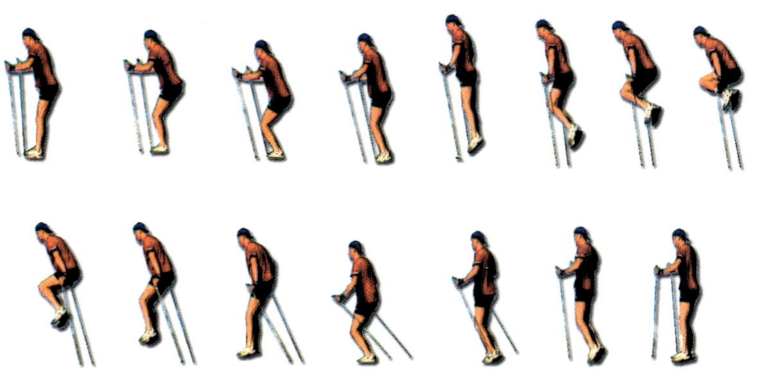

Mit beiden Techniken wird sowohl Sprungkraft, Koordination sowie Gleichgewicht geschult. Unter Koordination wird das Zusammenwirken von Zentralnervensystem und Skelettmuskulatur innerhalb eines gezielten Bewegungsablaufes verstanden. Ziel eines Koordinationstrainings ist es, Bewegungsabläufe zu automatisieren und diese so ökonomisch wie möglich durchzuführen. Mit den Nordic Walking Sprüngen erlernen, festigen und entwickeln Sie Ihre koordinativen Fähigkeiten weiter. Achten Sie auf einen weichen, gelenkschonenden Bewegungsablauf und versuchen Sie, diesen bewusst und korrekt auszuführen. Sie werden sehen, welch hohe Anforderungen die richtige Technik an Ihre Koordination stellt.

Alle Sprünge nur bergauf in gutem Gelände durchführen. **Niemals bergab!**

1-2 Sprünge

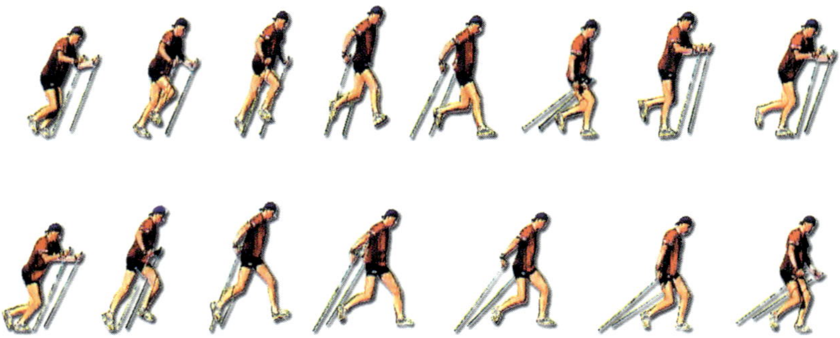

Der Bewegungsablauf ähnelt dem des 1-2 Schrittes, jedoch ist der Beinabstoß dynamischer, so dass der komplette Körper vom Boden abhebt. Durch einen ebenfalls dynamischen Arm-Stock-Schub sollten wir eine optimale Flugphase erreichen.

Bei dieser Technik kommt der Oberkörper stärker in Vorlage. Ziel ist es mit jedem Sprungschritt möglichst weit zu kommen.

Alle Sprünge nur bergauf in gutem Gelände durchführen. **Niemals bergab!**

Achten sie bei allen Nordic Walking Techniken auf die jeweils korrekte Bewegungsausführung. So trainieren sie neben der Ausdauer auch ihre allgemeinen koordinativen Fähigkeiten, die Kraft, die Beweglichkeit und die Schnelligkeit beim Nordic Walking.

Diagonalsprünge

Bei der Technik des Diagonalsprungs ist der Bewegungsablauf analog des Diagonalschritts, jedoch wird durch einen dynamischen Beinabstoß der Sprung eingeleitet. Der ganze Körper ist komplett in der Luft. Wichtig ist eine gute Körpervorlage und ein weit nach hinten durchgeführter Arm-Stockschub mit dem Ziel, eine größtmögliche Distanz bei jedem Sprung zu überwinden.

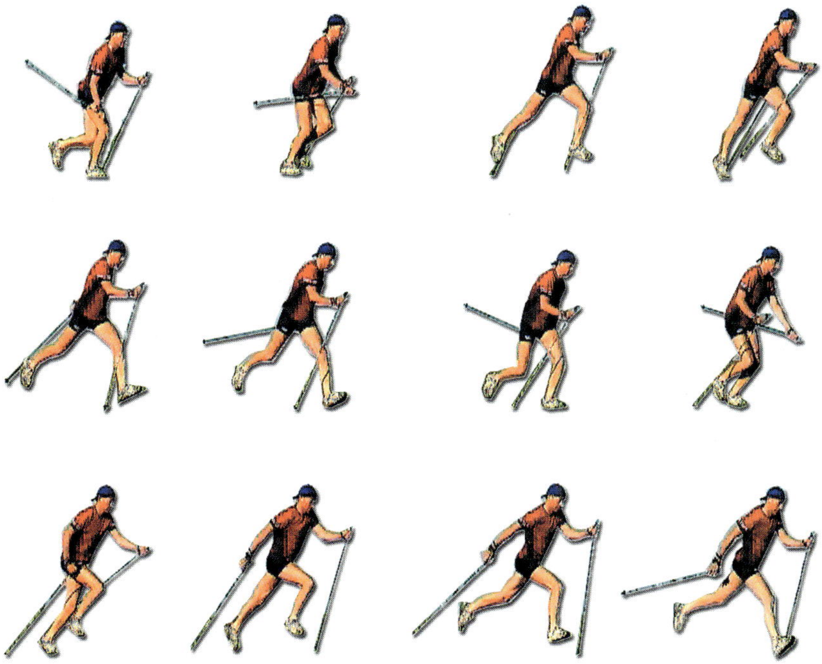

Diagonalsprünge sind ausgezeichnet dafür geeignet, die Fähigkeit der Schnelligkeit zu trainieren. Schnelligkeit ist die Fähigkeit, einzelne Bewegungen mit schnellster Geschwindigkeit durchzuführen oder motorische Aktionen möglichst schnell zu absolvieren.

Kurze, intensive Trainingseinheiten sind zur Ausbildung dieser Fähigkeit ideal geeignet. Durch den explosiven Abdruck, der bei diesen Sprüngen erforderlich ist, wird die Schnellkraft optimal ausgebildet.

Unser Vorschlag für eine Trainingseinheit lautet, z.B. 5x 20 Sprünge ins Training mit einzubauen oder solange die Serie zu wiederholen, bis keine Steigerung der Weite mehr erzielt werden kann. Das bedeutet, sobald die Distanz bei 20 Sprüngen sich verkürzen sollte, muss das Training abgebrochen werden.

Außerdem trainieren Sie Ihre Beweglichkeit beim Nordic Walking. Beweglichkeit ist die Fähigkeit, Bewegungen mit großen Bewegungsamplituden auszuführen. Den Aktionsradius der Gelenke erweitern Sie zwangsläufig beim Nordic Walking. Der große Brustmuskel, der obere Anteil des Trapezmuskels, der Rückenstrecker, der Hüftlendenmuskel, der Kniebeuger und der zweiköpfige Waden- und Schollenmuskel- all diese zu Verkürzung neigenden Muskelpartien werden durch Nordic Walking automatisch gedehnt.

Fazit

Nordic Walking ist äußerst abwechslungsreich und eine Sportart, die hervorragend für das Training der sportmotorischen Eigenschaften Ausdauer, Kraft, Beweglichkeit, Koordinationsfähigkeit und Schnelligkeit geeignet ist. Je nachdem, welche Technik man wählt, kann eine bestimmte Fähigkeit besonders gut trainiert werden, wobei die Übergänge fließend sind. Alle Techniken tragen bei dementsprechender Ausführung zur Schulung einer bestimmten sportmotorischen Fähigkeit bei. Auch für die Anatomie des menschlichen Körpers ist Nordic Walking eine der günstigsten Sportarten. Den durch einseitige Tätigkeit entstandenen Muskeldysbalancen und Bewegungseinschränkungen der Gelenke kann durch Nordic Walking entgegengewirkt werden. Die Armbewegungen, der Einsatz der Stöcke und das ausdauernde Gehen können helfen, ein vorhandenes Muskelungleichgewicht zu korrigieren, bzw. einer Dysbalance vorzubeugen. Fast alle Techniken erfordern eine Bewegung der Arme nach hinten unten gegen den Widerstand der Stöcke, was im Alltag nicht vorkommt. Das Bewegungsausmaß beim Armeinsatz ist so groß, dass die Schulter in ihrer ganzen Bewegungsfreiheit trainiert wird. Die Beweglichkeit der Schulterblätter auf dem Brustkorb und die Durchblutung der entsprechenden Muskulatur wird verbessert. In sanfter Form werden Gelenke mobilisiert, vernachlässigte Muskulatur gedehnt und gekräftigt. Keine andere Sportart verbindet Mobilisation, Muskelkräftigung und die Möglichkeit zum Training der sportmotorischen Eigenschaften in dieser effektiven Form!

Sie sehen: Nordic Walking ist eine außergewöhnlich vielfältige Sportart. Sie können mit ihr sämtliche sportmotorischen Fähigkeiten trainieren, gefährdete Gelenke mobilisieren, Muskeln dehnen und kräftigen. Welche andere Sportart vereint sonst soviel Zweckmäßigkeit mit Spaß und Abwechslung? Nutzen Sie dieses Potential, das Nordic Walking Ihnen bietet!

Folgende Abbildung gibt Ihnen einen Überblick darüber, welche Muskeln beim Nordic Walking beansprucht werden:

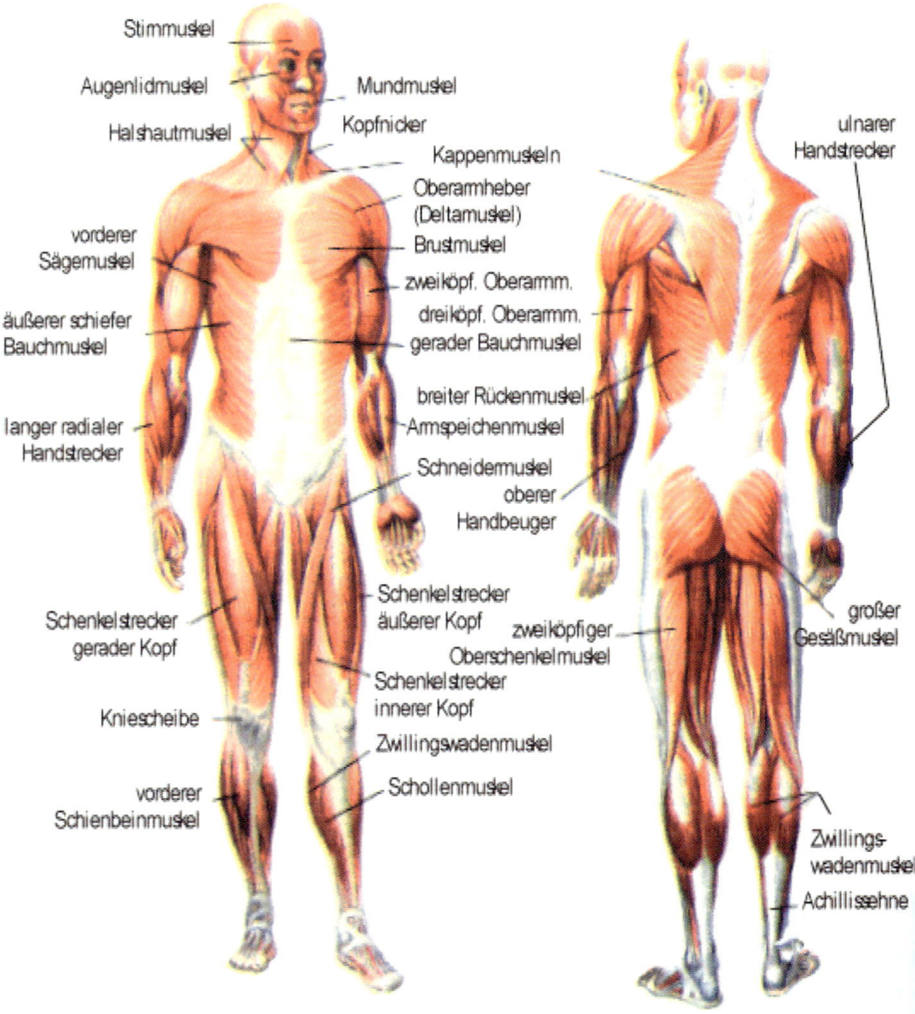
Stimmuskel
Augenlidmuskel
Mundmuskel
Halshautmuskel
Kopfnicker
Kappenmuskeln
ulnarer Handstrecker
Oberarmheber (Deltamuskel)
vorderer Sägemuskel
Brustmuskel
zweiköpf. Oberarmm.
äußerer schiefer Bauchmuskel
dreiköpf. Oberarmm.
gerader Bauchmuskel
breiter Rückenmuskel
langer radialer Handstrecker
Armspeichenmuskel
Schneidermuskel
oberer Handbeuger
Schenkelstrecker äußerer Kopf
großer Gesäßmuskel
Schenkelstrecker gerader Kopf
zweiköpfiger Oberschenkelmuskel
Schenkelstrecker innerer Kopf
Kniescheibe
Zwillingswadenmuskel
vorderer Schienbeinmuskel
Schollenmuskel
Zwillings-wadenmuskel
Achillissehne

VDNOWAS Indoor Training

Schlechtes Wetter, keine Lust rauszugehen oder heute mal nicht soviel Zeit? Eine Abwechslung und Ergänzung zum Gehen draußen stellen unsere Übungen des „Nordic Walking Indoor Trainings“ dar. Mit den vorgestellten Übungen können Sie optimal Kraft, Koordination und die Beweglichkeit schulen und trainieren. Die Übungen kann man mit geringem Aufwand in jedem kleinen Raum durchführen. Das Nordic Indoor Training hilft Ihnen, Ihre Nordic Walking Outdoor Technik erheblich zu verbessern. Das Nordic Indoor Training ist für jede Altersgruppe geeignet und ein gutes Fun- und Gruppenerlebnis. Zudem sind diese Übungen so ausgewählt, dass der ganze Körper nachhaltig davon profitiert und man eine Basis für ein langes und gesundes Leben schaffen kann - frei von Rückenbeschwerden und allen anderen Leiden, die mit unserer Sitz-Zivilisation einhergehen.

Das Grundgerät bildet der Aero-Step (ein mit Luft gefülltes Kunststoffkissen). Auf diesem Aero-Step stehend werden verschiedene Übungen absolviert (mit und ohne Nordic Walking Stöcken). Dieses Gerät lässt keine Monotonie aufkommen! Daneben wird ein Gummi-Zugseil benutzt, mit dem die Nordic-Walking Technik gelernt, geübt und trainiert werden kann. Absolvieren Sie das Training doch mit Ihren Bekannten gemeinsam! Der Vorteil dabei ist, dass die Übungen auf kleinem Raum durchgeführt werden können. Wir stellen Ihnen nachfolgend einige der effektivsten Übungen vor:

Informieren Sie sich über das Konzept des „Indoor Trainings“ auf www.vdnowas.org oder unter 09634/ 915150

Beweglichkeit der Hüfte

Gewicht nach vorn verlagern bis Dehnung spürbar ist
Hüfte nach vorne schieben und tief gehen bis Dehnung in der Leiste spürbar wird

Beweglichkeit Hüfte/ Kräftigung Gesäß:

- Fuß im rechten Winkel nach oben schieben
- Bei aufgestellter Hüfte ein Bein senkrecht nach oben schieben
- Bein im rechten Winkel in kleinen Bewegungen nach oben schieben

Beachte: Standbein nicht ganz durchstrecken, kein Hohlkreuz

Bei hüftbreitem Stand Oberkörper auf Stöcke abstützen und tief gehen

Kräftigung Rücken und Schulter

Stöcke zum Körper ziehen, Partner gibt Widerstand

Ellenbogen gegen den Widerstand des Partners nach hinten drücken

Arme rotieren nach außen, Schultern tief

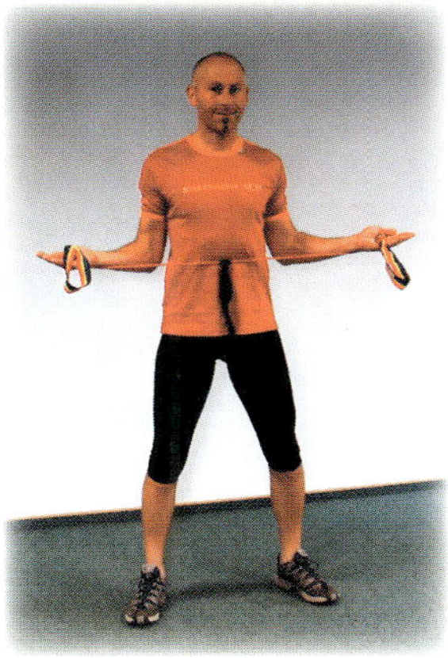

Klimmzüge: Oberkörper nach oben ziehen

Arme gegen den Widerstand des Partners nach außen ziehen

Stock gegen den Widerstand des Partners nach unten ziehen

Stock gegen den Widerstand des Partners nach oben drücken

Seil bei geradem Rücken nach unten hinter den Körper ziehen

Seil bei geradem Rücken nach oben hinter den Körper ziehen.

Armtechnik beim Diagonalschritt

Diagonal Arm und Bein anheben

Körperspannung halten, Fortgeschrittene: Liegestütz

Liegestütz mit angewinkelten Beinen

Armtechnik
Diagonalschritt

Armtechnik Doppelstockschub

Kräftigung Beinmuskulatur

Aus dem Stand nach oben springen, Gleichgewicht wieder finden

Kniebeugen

Einbeinige Kniebeugen

Kräftigung Bauch

Arme und Beine anheben, unteren Rücken auf die Unterlage pressen

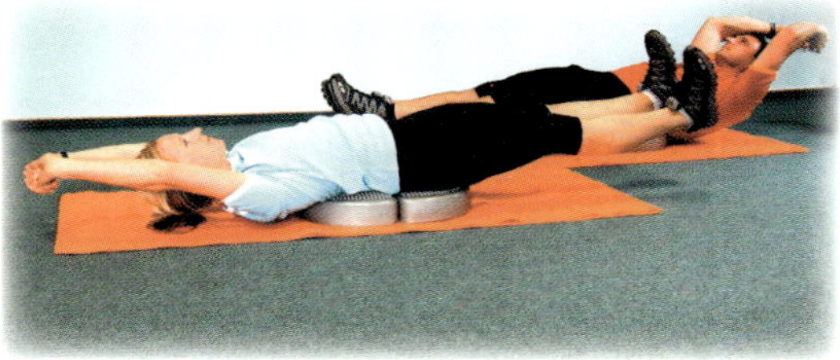

Beine und Arme nach oben schieben

Im Wechsel ein Bein anziehen und strecken

Beine im Wechsel nach unten tippen

Koordination

Diagonalschritt mit beiden Beinen auf dem Aerostep

Gleichgewichtsübung

Diagonalschritt mit einem Bein auf dem Aerostep

Beweglichkeit Brust

Oberkörper vom Partner wegdrehen
bis Dehnung in Brustmuskulatur
spürbar ist

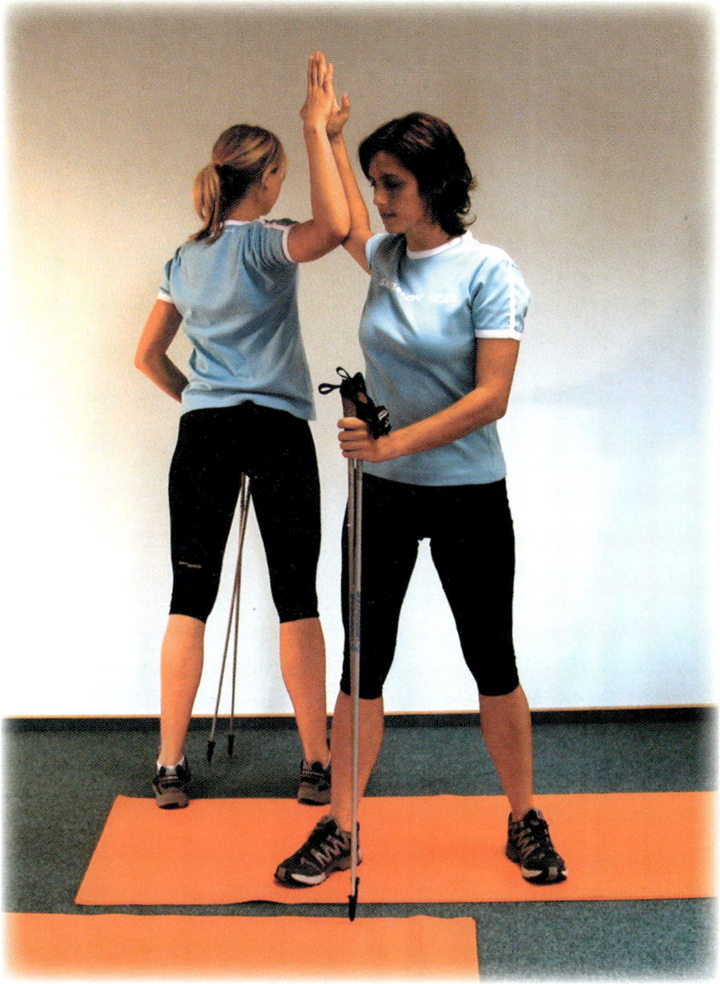

Die richtige Ernährung

Der menschliche Körper gleicht einem Motor. Um ihn in Gang zu halten, müssen wir essen und trinken. Die wichtigsten Energielieferanten sind Kohlenhydrate, Eiweiß und Fett. Damit allein ist es aber noch nicht getan. Um all die hochkomplizierten Abläufe in unserem Körper steuern zu können, sind zusätzlich Flüssigkeit, Vitamine, Mineral- und Ballaststoffe erforderlich.

Bausteine für den Körper

Hätten Sie's gewusst? Im Laufe seines Lebens verzehrt der Mensch etwa 50 Tonnen an Lebensmitteln. Den größten Teil davon benötigt der Körper zur Energiebeschaffung. Er zerlegt die Lebensmittel bei der Verdauung in die einzelnen Nährstoffe und nimmt sie auf. Jeder dieser Nährstoffe besitzt ganz besondere Aufgaben.

Kohlenhydrate

halten uns in Schwung, sind wichtige Energielieferanten, bestes Gehirnfutter und beeinflussen den Blutzuckerspiegel. Sie sind in jeder pflanzlichen Kost enthalten, zum Beispiel in Gemüse, Getreideprodukten und Kartoffeln. Pflanzliche Lebensmittel versorgen den Körper auch in unterschiedlichen Mengen mit Ballaststoffen. Das sind Pflanzenfasern, die den Körper unverdaut passieren, dabei aber ein Sättigungsgefühl hervorrufen und im Darm ordentlich aufräumen, was der schlanken Linie zu Gute kommt.

Eiweiß

liefert die Natur in unzähligen Variationen. Ernährungsfachleute sprechen nicht von Eiweiß, sondern von Protein, abgeleitet von dem griechischen Wort Proton, was das Erste, das Wichtigste bedeutet. Sie sind die Bausteine für Muskeln und Organe, darum brauchen vor allem Kinder viel davon. Proteine helfen dem Körper, sich gegen Krankheiterreger zu wehren und die geistige Fitness zu erhalten. Proteine sind aus Aminosäuren zusammengesetzt, und diese kommen in den verschiedenen pflanzlichen und tierischen Lebensmitteln in unterschiedlicher Form vor. Deshalb ist eine ausgewogene Mischkost die beste Voraussetzung für die erforderliche Aufnahme der wichtigen Aminosäuren.

Fett

ist unverzichtbar. Nur in Kombination mit Fett können die fettlöslichen Vitamine A, D, E und K vom Körper verwertet werden. Fett transportiert als Geschmacksträger auch die Aromastoffe. Man unterscheidet als Baustein der Fette gesättigte und ungesättigte Fettsäuren. Die lebenswichtigen (essentiellen) ungesättigten Fettsäuren kann der Körper nicht selber aufbauen, sondern nur aus der Nahrung beziehen. Besonders reich an ungesättigten Fettsäuren ist pflanzliches Fett. Cholesterin ist ein Begleitstoff tierischer Fette. Bekanntlich ist die Cholesterinkonzentration im Blut einer der Risikofaktoren für Herzkreislauferkrankungen. Der Körper braucht es andererseits aber für verschiedene lebenswichtige Körperfunktionen. Er stellt es deshalb selbst her. Der Mensch kann über die Menge des aufgenommenen Fettes und das Fettsäureverhältnis in der Nahrung seinen Cholesterinspiegel positiv beeinflussen.

Mineralstoffe und Spurenelemente

kommen in unterschiedlicher Menge und Form in allen Lebensmitteln vor. Sie sind „essentiell". Deshalb ist für die Bedarfsdeckung eine vielseitige Ernährung die beste Voraussetzung. Ohne sie würde der Stoffwechsel zusammenbrechen. Calcium aus der Milch ist z. B. Bestandteil der Knochen und der Zähne. Natrium reguliert den Wasserhaushalt und den Blutdruck.

Vitamine

sind genauso vielfältig aufgebaut wie ihre Aufgaben sind. Vitamine sind lebensnotwendig für den reibungslosen Ablauf der Stoffwechselvorgänge im Körper. Unsere Körperfunktionen sind abhängig von ausreichender Vitaminzufuhr.

Hochwertige Kohlenhydrate	Hochwertige Fette	Hochwertiges Eiweiß
Hauptaufgabe: • Zufuhr von Energie Mehrfachzucker: • Gemüse, Salate, Kartoffeln • Obst, Rohkost • Vollkornprodukte • Naturreis	Hauptaufgabe: • Zufuhr von Energie Olivenöl, Butter	Hauptaufgaben: • Zellaufbau • Aufbau und Erhalt der Körpersubstanz Enthalten in: • Mageres Fleisch • Milchprodukte • Fisch • Bohnen, Erbsen, Linsen • Eier • Soja, Tofu • Nüsse • Eiweißpräparat Diät = erhöhter Eiweißbedarf
Meide Einfachzucker: • Süßigkeiten	Meide Gesättigte Fettsäuren	

Mikronährstoffe		
Vitamine	Wasser	Mineralstoffe
• Zitronen, Orangen, Kiwi (Vitamin C) • Vollkorngetreide, Nüsse (B-Vitamine) • Gemüse (Vitamin A)	Wichtigster Nährstoff	Salat, Vollkorn • Magnesium • Kupfer • Zink • Kalium • Selen • Eisen • Usw. Milchprodukte • Kalzium

Merke: Meide normales Brot, helle Teigwaren, Süßspeisen, Zucker, Knabbergebäck, süße Getränke, Alkohol, Tabak, fettes Fleisch (oder aus Massentierhaltung)

Tipp: Blutwerte im Auge behalten
- Cholesterin
- Triglyzeride
- Blutzucker
- Leber / Nierenwerte

Mit richtiger Ernährung zum Wohlfühlgewicht

Gewichtsprobleme belasten viele Menschen. Wer hat nicht schon eine Diät hinter sich? Wer hat nicht danach wieder zugenommen, vielleicht sogar mehr, als er vorher abgenommen hat? Offensichtlich ist der Diätansatz zu oberflächlich, denn der Jojo – Effekt quält mittlerweile zahllose Abnehmwillige. Die Erklärung dafür ist erforscht. Der Körper gewöhnt sich an die geringe Nahrungsaufnahme bei einer Diät. Er passt sich an: der Stoffwechsel wird auf ein Minimum gesenkt. Bei reduziertem Essen schaltet unser Körper auf das Programm „Notzeiten“ und verbrennt möglichst wenig Kalorien. Um sich aus diesem Dilemma zu befreien und den Stoffwechsel wieder anzukurbeln, treibt man am besten Sport. Gerade sanfter Ausdauersport wie Nordic Walking kommt in Frage. Die Fettverbrennung braucht genug Sauerstoff, daher ist ein „sich Auspowern“ unangebracht. Wer also 30 Minuten kontinuierlich bei der Sache bleibt und sich nur so weit anstrengt, dass er gerade noch Luft durch die Nase bekommt, ist auf dem richtigen Weg. Nach wenigen Wochen wird der Stoffwechsel auf höherem Niveau sein und die Stagnation durchbrochen. Außerdem trainieren Sie sich durch die Bewegung Muskelmasse an, die Ihren Energieverbrauch auch im Ruhen steigert. Sport ist also ein effektives Wundermittel, um dem Jojo – Effekt ein Schnippchen zu schlagen.

Was Essen

Nicht nur die Sache mit der Bewegung muss stimmen, auch was man isst, ist natürlich von Bedeutung. Das Problem des heutigen Nahrungsangebotes besteht darin, dass es durch die starke industrielle Verarbeitung meist kalorien-, dabei aber nur wenig nährstoffreich ist. Es mag paradox klingen, aber mit Fertignahrung verhungern wir. Wir können 10 000 Kalorien zu uns nehmen, ohne die Spurenelemente oder Vitamine zu bekommen, die unser Organismus benötigt. Satt sind wir deshalb noch lange nicht: der Körper wird bald wieder „Hunger" melden, da ihm nicht gegeben wurde, was er gebraucht hätte. Auf diese Weise macht Essen systematisch dick. Doch es gibt einen Ausweg. Er besteht im konsequenten Verzehr von Vollwertkost und naturbelassenen Lebensmitteln, die eine hohe Nährstoffdichte aufweisen und sättigend wirken. Dass Obst, Gemüse, Fisch, Nüsse usw. als täglicher Bestandteil eines gesunder Ernährung taugen, ist schließlich kein Geheimnis mehr. Auf diesem beschriebenen Grundprinzip basieren viele Diätkonzepte, so z. B. Glyx-Diät.

Eine prägnante Zusammenfassung können Sie der nachfolgend aufgeführten Ernährungspyramide entnehmen.

Die Ernährungspyramide

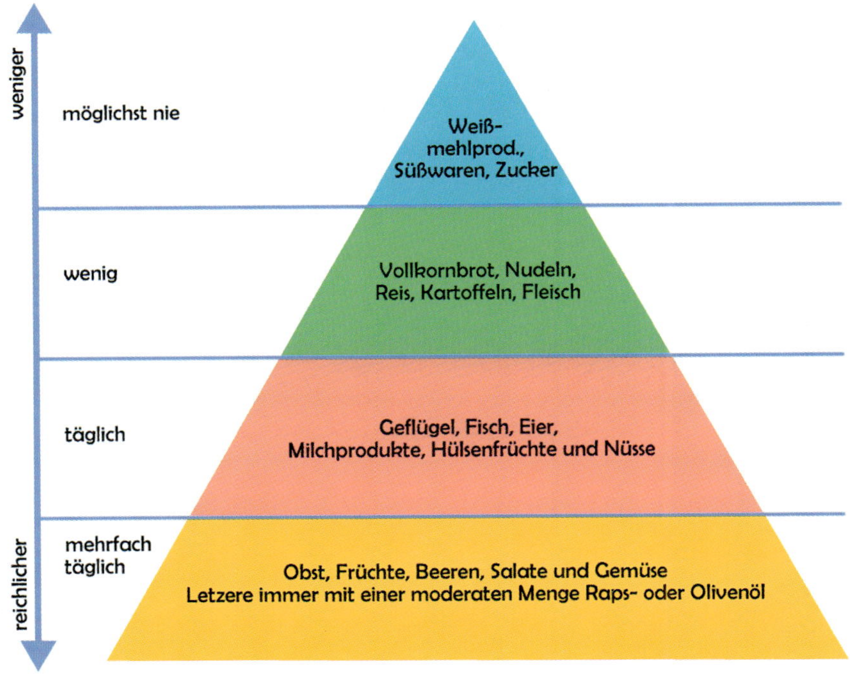

Wie Essen? - Die Insulinfalle

Sicherlich wissen Sie, dass mit jeder Mahlzeit, die Sie zu sich nehmen, der Blutzucker ansteigt. Zur Regulation des Blutzuckerspiegels wird das Hormon Insulin aus der Bauchspeicheldrüse ausgeschüttet. Das Problem für den Abnehmwilligen dabei ist: das ausgeschüttete Insulin verschließt wie ein „Wächter" für ca. 4-5 Std. die Ausgangstüren der Fettzellen. Somit blockiert es deren Freisetzung. Das gespeicherte Fett kann nicht aus den Zellen heraus, es ist eingesperrt. Für die Verbrennung in der Muskulatur kann es somit nicht freigesetzt werden.

Nahrungsfette und der zu Fett umgewandelte Nahrungszucker strömen wie auf einer Einbahnstraße in die Fettgewebe, sind aber in Folge der Insulinblockade eingeschlossen.

Daher lautet die Empfehlung: Essen Sie täglich 3 Mahlzeiten, ohne Zwischenmahlzeiten zu sich zu nehmen.

Dies hat folgende Auswirkung:

- Absinken der Blutzuckerkurve
- Flacher Insulinanstieg
- Erholungszeit für die Bauchspeicheldrüse zwischen den Mahlzeiten
- Entkorkung der Fettzellen und dadurch Freisetzung von Fettsäuren zur Verbrennung im Muskel

Zur Veranschaulichung betrachten Sie folgende Graphiken:

Insulinspiegel bei drei Mahlzeiten

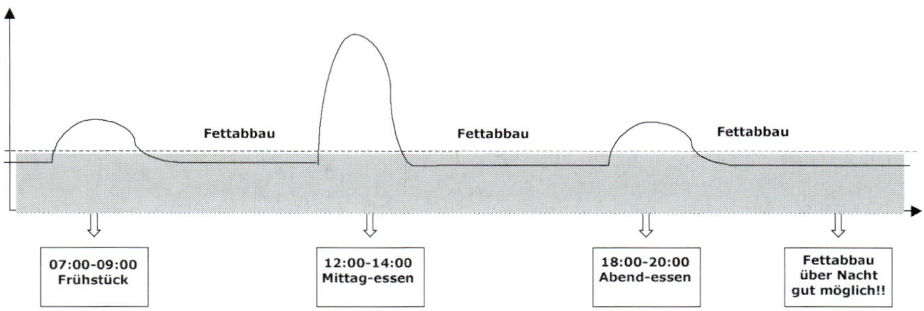

Insulinspiegel bei Zwischenmahlzeiten

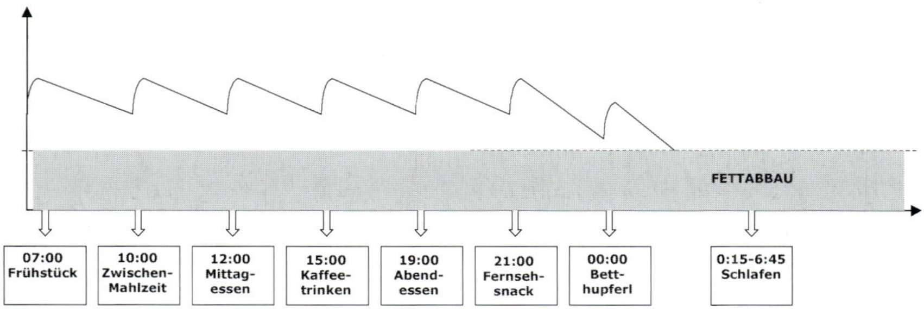

Um also Fett abbauen zu können, muss der Insulinspiegel niedrig sein, da das Insulin sonst die Fettzellen verschließt. Da aber mit jeder Nahrungsaufnahme zum Zwecke der Blutzuckerregulierung Insulin ausgeschüttet wird, besteht die Lösung darin, diese Insulinausschüttung möglichst selten hervorzurufen. Essen Sie 3 Mahlzeiten am Tag, ohne zwischendurch zu naschen. Dadurch verhindern Sie die Insulinblockade und das Fett in Ihren Körperzellen kann abgebaut werden.

Optimale Fettverbrennung ist jedoch nur in der Kombination Sauerstoff und Bewegung möglich.

Unter Fettverbrennung wird eine Form der Energiebereitstellung verstanden. Dieser Vorgang ist zum Vergleich zur Energiegewinnung aus Kohlehydraten verhältnismäßig umständlich.

Fettabbau beschreibt einen Prozess der Körpergewichtsreduktion durch Verringerung des Körperfettanteils.

Während Fettverbrennung immer und überall stattfindet, kommt es nur dann zum Fettabbau, wenn der Körper über einen längeren Zeitraum weniger Energie erhält als verbraucht. In diesem Zusammenhang spricht man von einer negativen Energiebilanz.

Im Verhältnis zur benötigten Energie, verbrennt man umso mehr Fett, je geringer die körperliche Belastung ist. In Ruhe wird fast der gesamte Energiebedarf des Körpers aus freien Fettsäuren gedeckt. Der relative Energiegewinn aus Fetten, den man in diesem Fall in Prozent angeben könnte, ist sehr hoch. Die in kcal. gemessene absolute Energiemenge ist dagegen in Ruhe sehr gering.

Der relativ hohe Anteil der Energiebereitstellung aus Freien Fettsäuren (FFS) ist der Grund, warum häufig zu einem niedrig intensiven Ausdauertraining geraten wird, wenn Fettabbau das Ziel ist. Bei Anfängern macht das durchaus Sinn, denn ein Training in intensiveren Bereich würde möglicherweise eine Überforderung darstellen. Wenn auch bei intensiven Belastungen die Energiegewinnung aus freien Fettsäuren nur eine untergeordnete oder gar keine Rolle mehr spielt, so heißt das nicht, dass intensives Training in Sachen Fettabbau nicht zweckmäßig ist. Auch Krafttraining, intensives Intervalltraining oder Sprinteinlagen gehen in die Energiebilanz mit ein. Es muss daher für das eigene Training immer unterschieden werden, ob ein bestimmter Stoffwechselvorgang im Körper optimiert werden soll oder das Training in erster Linie dazu dient, den Energieverbrauch insgesamt zu erhöhen und somit in Kombination mit der richtigen Ernährung eine negative Energiebilanz zu unterstützen.

Dazu folgendes Rechenbeispiel bei einer ca. 40-jähriger Person:
Langsames Laufen bei einer Herzfrequenz von 120 verbraucht etwa 400 kcal. Der Fettanteil beträgt hier etwa 70%, d.h. es werden ca. 280 kcal. aus Fetten verbrannt. Bei einem Lauftraining mit einem Puls von etwa 150 kann der Verbrauch bei ca. 800 kcal. liegen.

Wenn auch der Anteil an bereitgestellter Energie aus Freien Fettsäuren (FFS) nur bei 50% liegt, werden dennoch ca. 400 kcal. aus Fetten geliefert.

So wäre es an dieser Stelle völlig falsch zu behaupten, dass bei einer Trainingsherzfrequenz von 120 ein größerer Gewichtsverlust stattfinden würde als bei einem Training mit einer Herzfrequenz von 150. Genau das wird aber oft behauptet.

Ein reines Fettstoffwechseltraining ist demnach nicht die ultima ratio für Fettabbau. Denn ob der Körper an seine Speckreserven geht, macht er einzig und allein von der Energiebilanz abhängig. Ist diese negativ, d.h. wird mehr verbraucht als aufgenommen, bleibt ihm gar nichts anderes übrig, als die Energie dort zu holen, wo er sie vorher eigens zu diesem Zweck hingepackt hat, nämlich aus den Fettreserven.

Nachbrenneffekt

Durch Bewegung erhöht sich nicht nur der Energieverbrauch während der Sporteinheit. Auch nach der Trainingseinheit wird mehr Energie benötigt. Die Energiespeicher müssen wieder aufgefüllt werden. Neue Muskelfasern werden gebildet. Diesen Vorgang nennt man Nachbrenneffekt.
Wer vernünftiges Training durchführt, sich bewusst ernährt und seine Ka-

lorienaufnahme dem Energiebedarf anpasst, wird immer einen schlanken, gut geformten und leistungsfähigen Körper haben.

Zur Veranschaulichung dafür, wie wichtig regelmäßiges sportliches Training für Sie beim Abnehmen ist, betrachten Sie folgende Skizze (Abnahme der **Muskelmasse**):

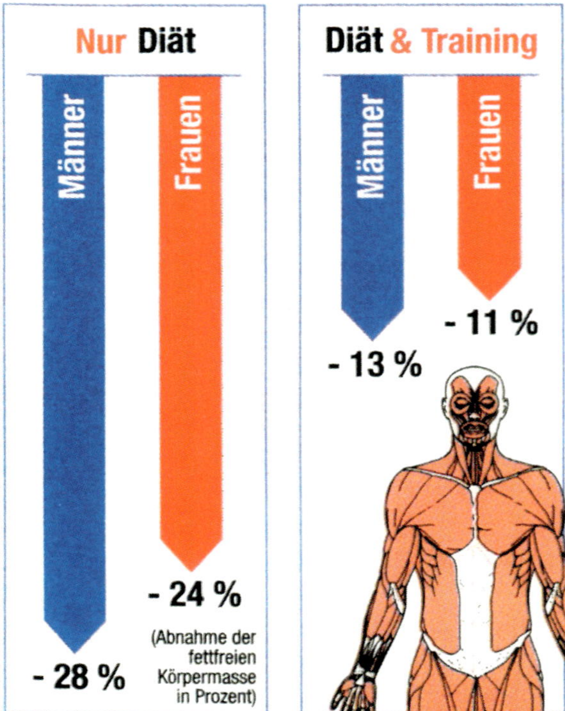

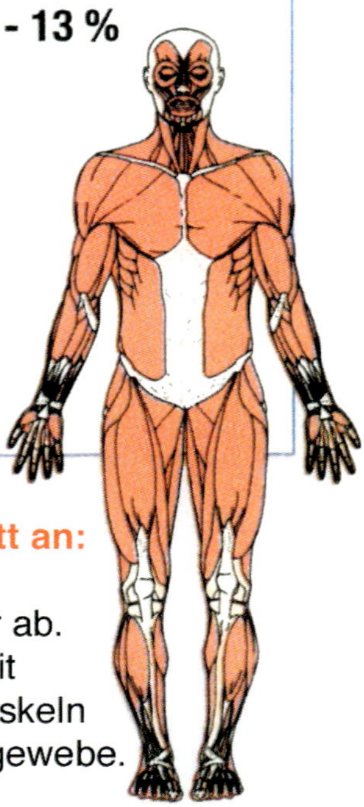

Nur Sport greift das Fett an:
Reine Diäten bauen haupsächlich Muskulatur ab. Diäten in Kombination mit Training schonen die Muskeln und reduzieren das Fettgewebe.

Ein Wort zum Schluß

Der wichtigste Punkt in der ganzen Ernährungsproblematik ist, wie so oft im Leben, Ihre Einstellung. Essen sollte nicht nur zur existentiellen Nahrungsaufnahme benutzt werden, sondern zur Steigerung der Lebensqualität beitragen. Genießen Sie Ihre Nahrungsaufnahme, und was Sie auch tun, tun Sie es ohne schlechtes Gewissen. Dann schaffen Sie alles spielend. Viel Spaß dabei!

Entspannung

Wir spüren es täglich, immer schneller, immer öfter, immer mehr – die High-Speed-Gesellschaft hat uns fest im Griff.

Chronischer Zeitmangel ist das moderne Status-Symbol und wir glauben, alles erreichen zu können, wenn wir nur immer weiter beschleunigen. Die Folgen sind hinreichend bekannt: überbelegte Kliniken wegen Burnout-Syndrom, immer mehr Frauen und Männer leiden unter Depressionen und Überforderung, stetig steigende Scheidungsraten.

In einer Welt, in der PC, Internet, Handy und E-Mail den Alltag bestimmen, wird Ruhe, Entspannung und Lebensqualität zum Luxus. Es gilt, auch in stürmischen Zeiten die innere Balance zu finden und zu halten.

Wer Raubbau an seiner Gesundheit betreibt, ist mittel- und langfristig nicht mehr leistungsfähig. Und wer zwar exzessiv Sport treibt, aber seine Freunde vernachlässigt, fühlt sich bald einsam und ungeliebt – trotz toller Figur. Auf das Gleichgewicht kommt es eben an.

Wir haben für Sie ein exklusives Konzept entwickelt, mit dem Sie gegensteuern können. Mit Walk in Balance haben Sie die Möglichkeit, Ihren Körper wieder in Balance zu bringen. Dabei sind Erlebnisse wie wir sie beim Walk in Balance erleben, bedeutungsvolle Erfahrungen, die uns gesünder, kreativer, erfolgreicher und zufriedener werden lassen. Glücksgefühl stellt sich nur dann ein, wenn man ein Ziel vor Augen hat und dieses mit Leidenschaft verfolgt.

Nur wer Lust auf seinen Job hat, kann erfolgreich sein. Nur wer abschaltet und sich aktiv entspannt, kann hinterher wieder richtig Gas geben. Wir können unserem Leben jedoch keine neue Richtung geben, wenn wir uns immer nur in den alten, ausgetretenen Bahnen bewegen.

Um die innere Balance zu finden, müssen wir wieder lernen den Augenblick zu genießen, bewusster zu leben. Das Wort Muße ist im aktiven Sprachgebrauch fast ausgestorben, wie ein seltenes Tier oder eine exotische Pflanze; die Leitbegriffe der Tempogesellschaft „Stress“, „Performance“ und „Speed“ haben es schon lange verdrängt.

Muße findet sich in einer heißen Tasse Tee, beim Sport, beim Essen oder im Kino mit Freunden oder auf dem Sofa. Andere gönnen sich eine längere Auszeit. Egal, wie, wo und wie lange: Bewusst mit allen Sinnen den Augenblick zu erleben, zu sich kommen und durchatmen.

Gekonnt Gas geben heißt:

Verausgaben Sie sich nicht länger unnötig, konzentrieren Sie Ihre Kräfte auf Ziele und Erfolge. Setzen Sie Prioritäten. Widmen Sie sich nur Sachen, die Sie entscheidend weiterbringen. Arbeiten Sie neben dem Tagesgeschäft an langfristigen Aufgaben und Zielen. Nur so initiieren Sie heute Ihre Erfolge von morgen.

Nachfolgend einige Entspannungsübungen mit Partner.

Ihr Partner hebt mit jeder Hand ein Bein und lässt beide Beine im Gleichtakt schwingen.

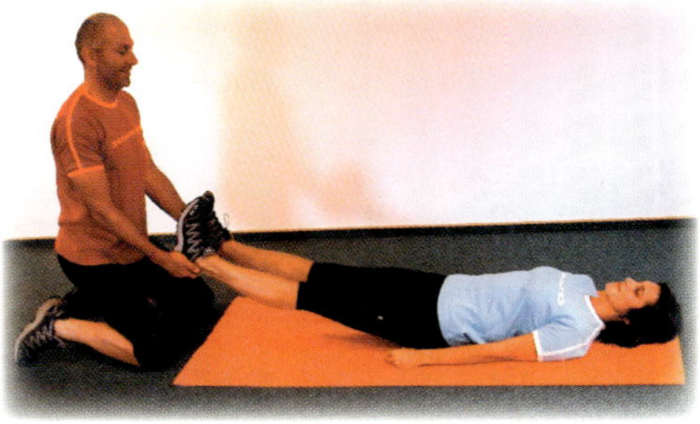

Ihr Partner legt die Hände an Ihre Fußballen und schiebt sanft in Richtung Oberkörper.

Ihr Partner umfasst Ihren gebeugten Arm am Handgelenk und schüttelt leicht die Arme aus.

Ihr Partner umfasst mit beiden Händen Ihre Beckenkammknochen. Nun bewegt er Ihr Becken wechselweise zur Seite und versetzt es dadurch in kleinräumiges Schwingen.

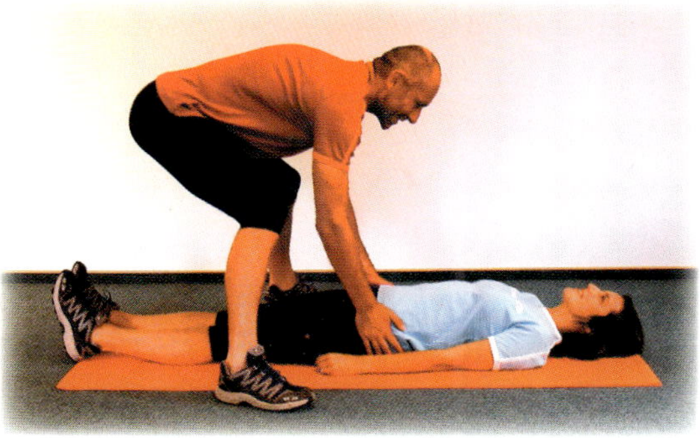

Ihr Partner kniet hinter Ihrem Kopf und legt seine Hände auf Ihren Schultergürtel. Er bewegt Ihren Schultergürtel in kleinen Schüben zur Seite sowie in Richtung Füße. Ihr gesamter Körper soll in leichte Schwingungen versetzt werden.

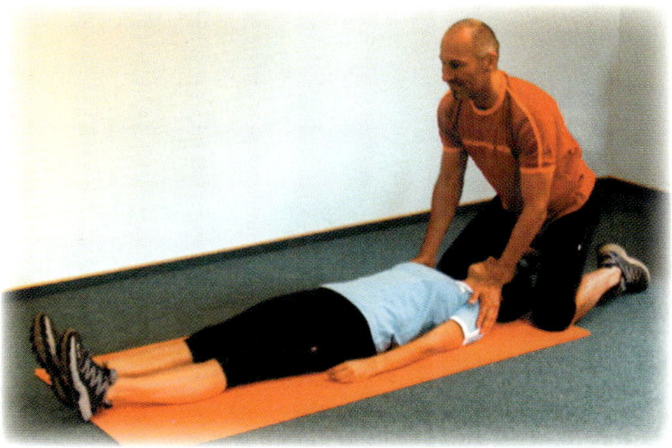

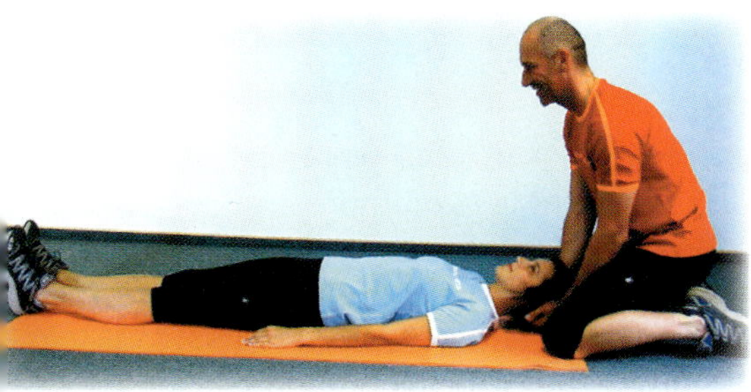

Ihr Partner kniet hinter Ihrem Kopf und fasst mit beiden Händen vorsichtig und sanft unter Ihren Hinterkopf. Sie sollten versuchen, Ihren Kopf in die Hände Ihres Partners abzugeben. Ihr Partner beginnt nun, langsam Ihren Kopf zu bewegen.

Warum Walk-In-Balance?

Walk in Balance ist eine hervorragende Möglichkeit für Sie, zu innerer Entspannung zu finden. Hier können Sie lesen, was das Besondere an Walk in Balance ist, was Sie tun sollte und was Sie damit erreichen können. Walk in Balance hilft Ihnen auf vielerlei Weise. Bei Walk in Balance können Sie z.B.:

• *EIN GUTES KÖRPERGEFÜHL ENTWICKELN*
Hören Sie auf Ihren Körper. Finden Sie Ihr persönliches Tempo und den eigenen Rhythmus. Achten Sie auf den persönlichen Trainingspuls und überschreiten Sie bitte den empfohlenen Herzfrequenzbereich nicht.
Sie lernen, sich Spannungs- und Entspannungszustände bewusst zu machen, Sie entwickeln das Gefühl für eine gleichmäßige Kraftaufteilung auf den Körper. Sie entdecken Ihren Körper wieder neu.

• *IHRE NORDIC WALKING TECHNIK HARMONISIEREN*
Laufen Sie bequem, doch bemühen Sie sich, einen ruhigen und langen Schritt zu gehen. Rollen Sie über den ganzen Fuß ab und versuchen Sie den Bewegungsablauf so harmonisch wie möglich durchzuführen. Sie lernen, fließende Bewegungen zwischen den einzelnen Phasen des Bewegungsablaufes zu harmonisieren.

• *ATMUNG BEWUSST ERLEBEN*
Atmen Sie bewusst. Laufen ist eine gute Gelegenheit, das tiefe Atmen zu üben und dem Körper eine Sauerstoffdusche zu geben. Abhängig vom Konditionszustand und der Geländesteigung versucht man neben dem richtigen Gehtempo auch den richtigen Atemrhythmus zu finden, der ein gleichmäßiges tiefes Ein- und Ausatmen zulässt.

• *ENTSPANNUNG ERREICHEN*
Nach einem anstrengenden Tag hat Ihr Körper Entspannung und Ruhe verdient. Sie sollten sich ab und zu eine Massage gönnen oder spezielle Musik zum Wohlfühlen und Abschalten hören. Vieles im Alltag erzeugt oft Dauerverspannungen in der Muskulatur, welche nicht mehr bewusst wahrgenommen wird. Mit Walk in Balance erlernen Sie, bewusst Muskeln und Muskelgruppen locker zu lassen. Eine weitere Komponente der Entspannung: Sorgen Sie außerdem für ausreichend gesunden Schlaf. Der

Schlafbedarf ist individuell verschieden.
Unsere Empfehlung: etwa 8 Stunden täglich.

• *DIE MENTALE EINSTELLUNG VERBESSERN*
Eine positive mentale Einstellung gibt neue Energie und Kraft für den Alltag. Denken Sie an schöne Dinge. Unterschätzen Sie die Macht der Gedanken nicht! Mit Walk in Balance erlernen Sie positive Gedanken zu entwickeln und negative Einflüsse auf den Geist und auf Seele abzuschütteln.

Und vergessen Sie nicht:

Wasser ist Leben!

Denken Sie daran, ausreichend zu trinken: unabhängig von Ihren sportlichen Aktivitäten braucht Ihr Körper jeden Tag mindestens zwei Liter Wasser. Für jede halbe Stunde körperlicher Anstrengung einen Liter mehr. Unser Tipp: In unregelmäßigen Abständen einen „Wassertag" einlegen.

Mit Walk in Balance finden Sie den Weg zu einem tiefen Frieden. Finden Sie Ihr inneres Gleichgewicht wieder, schalten Sie einfach mal ab! Lassen Sie sich professionell in diese wirkungsvolle Entspannungstechnik einweisen und erleben Sie selbst, wie Sie die positiven Effekte von Walk in Balance nutzen können.

Informieren Sie sich noch heute und lassen Sie sich unverbindlich über Walk in Balance Touren und Fortbildungskurse in Ihrer Nähe beraten unter

09634/ 915150
www.vdnowas.org
www.walkinbalance.de

Spirit Garden

Stress ist out, bewusste Lebensgestaltung ist in. Entspannung ist das Gebot der Stunde. Denn wer sich bewusst wahrnehmen und entspannen kann, hat mehr vom Leben: Ruhe und Ausgeglichenheit, Leistungs- und Konzentrationsfähigkeit und auch Gesundheit.

Gut drauf zu sein ist etwas Wunderbares, aber natürlich kein Dauerzustand. Gute Laune ist auch eine Frage der Power. Manchmal geht uns einfach die Luft aus. Gut drauf zu sein heißt nicht nur, immer fröhlich zu sein. Es bedeutet auch Gefühle nicht zu unterdrücken, sich nicht immer anzupassen. Dazu gehört auch das Lustvolle, Aggressive, Ängstliche. Aber je bewusster man das Gut-drauf-sein pflegt, desto öfter wird man es auch erleben!

Was passiert, wenn wir uns entspannen?

Gedanken	Gefühle	Körper	Verhalten
Steigt:	Steigt:	Steigt:	Steigt:
• Klares Denken • Kreativität • Konzentrations-fähigkeit • Positive Gedanken • Lernfähigkeit	• Wohlbefinden • Gelöstheit • Innere Ruhe • Zuversicht • Freude	• Periphere Temperatur • Immunabwehr • Sexualfunktion	• Flexibilität • Entscheidungs-freiheit • Leistung • Aufmerksamkeit • Lebendigkeit
Sinkt:	Sinkt:	Sinkt:	Sinkt:
• Denkblockaden	• Unsicherheit • Angst • Nervosität	• Puls • Blutdruck • Muskelspannung • Atemfrequenz • Blutgerinnung • Hautleitwert	• Fehlerhäufigkeit

Feel Good - die Erfolgsformel

Gehen Sie achtsam mit sich selbst und mit Ihren Gefühlen um!
Lassen Sie negative Gedanken los und begegnen Sie der Welt positiv!
Genießen Sie mit allen Sinnen, was der Augenblick bietet!
Gehen Sie freundlich mit anderen um und bleiben Sie dabei in der eigenen Mitte!
Sorgen Sie für Balance zwischen An – und Entspannung, Arbeit und Vergnügen
Gehen Sie mit Begeisterung durchs Leben!

Lassen Sie sich bei der Beherzigung dieser Tipps professionell helfen, mit einer Möglichkeit zur Stresskompensation, eine Form, die Ihnen wieder zu mehr Lebensqualität verhelfen kann:

Spirit Garden

Sie lernen, sich nur auf Ihren Körper und Ihre Gefühle zu konzentrieren. In unserem hektischen Alltag haben Sie kaum die Gelegenheit zur inneren Ruhe zu finden- im Spirit Garden können Sie es. Sie begreifen, dass Sie Ihre Aufmerksamkeit auf die positiven Dinge des Lebens richten sollen- und Sie werden erfolgreich sein. Mit Spirit Garden können Sie eine höhere Lebensqualität erreichen. Nehmen Sie Ihr Glück selbst in die Hand. Nutzen Sie die Möglichkeit, den beruflichen und privaten Erfolg zu erhöhen. Setzen Sie Energien frei mit Spirit Garden. Nehmen Sie Ihr Leben selbst in die Hand!

Seien Sie neugierig, wie Spirit Garden auf Ihr Leben Einfluss nehmen kann!

Wir beraten Sie gerne: 09634/ 915150.

Um Ihnen einen Vorgeschmack zu bieten, stellen wir Ihnen eine Übung vor, mit der Sie zu zweit Entspannung erreichen können. Sie eignet sich hervorragend zur Lockerung Ihres gesamten Körpers.

Die Runenübung

Ein Teil von Spirit Garden ist die Runenübung. Hier stellen wir Ihnen die Anleitung zum Selberdurchführen vor:

Wir stellen uns darauf ein, dass sich Körper und Geist durch diese Übung vereinen.

Wir schließen die Augen und gehen in die Grundposition:
Einfach aufrecht stehen und den eigenen Körper wahrnehmen.
Wir gehen dabei ganz leicht in die Knie.

Übung 1: U - Position

Wir beugen den Oberkörper, lassen die Hände baumeln und beugen uns soweit nach unten, bis wir spüren:

„das ist so gut für mich"

Nichts übertreiben, einfach alles fließen lassen, den Körper innerlich fragen

„ist das gut so"

ganz bewusst den Körper innerlich durchchecken.
Wie fühle ich mich, kann ich spüren, dass alles im Fluss ist? Dabei ruhig und langsam atmen.

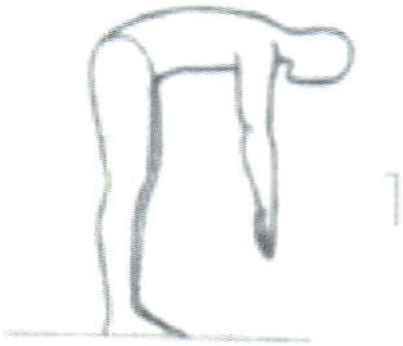

Jetzt gehen wir im Zeitlupentempo wieder nach oben, ganz bewusst und langsam, Zentimeter für Zentimeter genießen.

Wir stellen uns in die Grundstellung und gönnen unserem Körper kurz eine Entspannung, richten unseren Körper aus.

Als nächstes gehen wir geistig unseren Körper durch. Achten darauf, wo es nicht fließt, wo wir noch Blockaden und Verspannungen spüren. Wir lösen sie auf, indem wir an diese Stelle denken.

Übung 2: I - Position

Wir gehen über zur nächsten Übung: Hände nach oben, Handflächen zueinander mit Abstand von ca. 15 - 20 cm. Wir halten die Augen geschlossen, nicht hinschauen, nur spüren. Nun konzentrieren wir uns darauf, was wir zwischen den Händen spüren, dabei atmen wir ganz ruhig und tief.

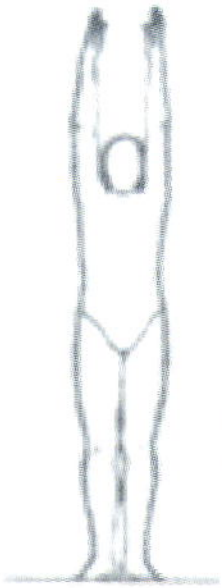

2

Wir schließen diese Übung ab und gehen Zentimeter für Zentimeter in die Grundstellung zurück.

Übung 3: Y - Position

Als nächstes geben wir unsere Hände nach oben in die Y - Stellung. Hier achten wir besonders auf das Atmen: möglichst durch die Nase einatmen und doppelt so lang ausatmen wie einatmen.

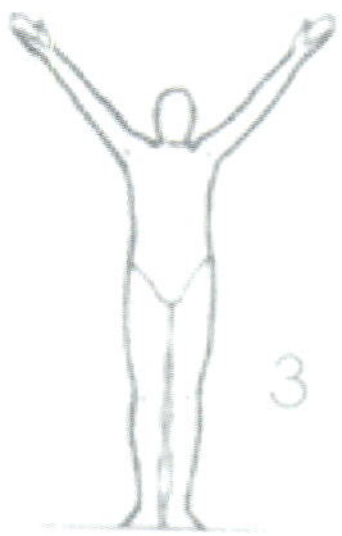

Wir gehen ganz langsam wieder in die Grundstellung zurück.

Übung 4: F - Position

Bei der nächsten Übung schließen wir Mittelfinger und Daumen zusammen, alle anderen Finger sind gestreckt, die linke Hand ist etwas höher als die rechte.

Beide Arme weit vor dem Körper strecken.

Bei dieser Übung auf niemanden zeigen, sich also einen Platz suchen an dem man niemand anders gefährdet.

Diese Übung ist eine Ableitungsübung - alles Negative wird aus dem Körper abgeleitet.

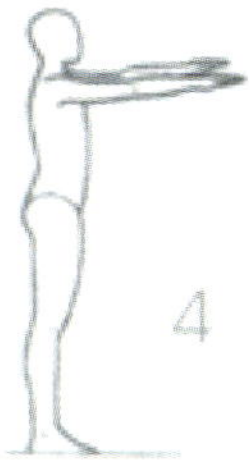

4

4a

Und dann lösen wir uns wieder von der Übung, gehen langsam in die Grundstellung zurück.
Gönnen wir unserem Körper eine kurze Entspannung, anschließend gehen wir noch mal geistig unseren Körper durch.

Übung 5: T - Postition / Umgekehrt Y

Hände leicht anheben, Handflächen nach unten.
Jetzt besonders auf die Atmung achten, ganz ruhig atmen, ganz tief atmen, über die Nase atmen, doppelt so lange ausatmen als einatmen.

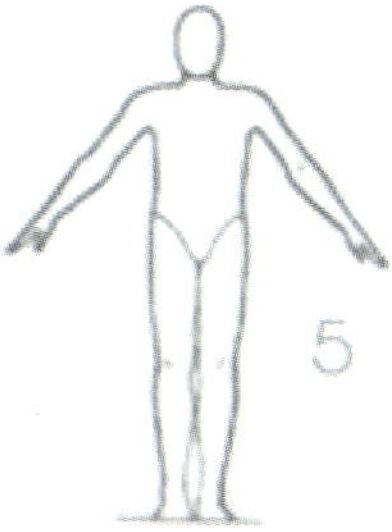

5

Wir gehen langsam wieder in die Grundstellung zurück, gönnen unserem Körper eine kurze Entspannung, Körper ausrichten.

Übung 6: W - Position

Bei der letzten Übung ist das richtige Atmen besonders wichtig, also über die Nase einatmen und doppelt so lange ausatmen wie einatmen.

Die Grundstellung ist mit angelegten Daumen, beim Ausatmen die Arme weg, beim Einatmen die Arme zum Körper. Abwechselnd die rechte und die linke Hand, bzw. linker und rechter Arm.

Dann gehen wir wieder in die Grundstellung zurück, schließen die Übung ab, indem wir beide Hände auf den Bauchnabel legen- bei Frauen die rechte Hand unten und die linke Hand oben, bei Herren die linke Hand unten und die rechte Hand oben.

Wir lassen die ganze Übung ausklingen und genießen es, ganz ruhig, ganz tief zu atmen. Dann öffnen wir unsere Augen, steigen bewusst aus der Übung heraus, indem wir einen Schritt auf die Seite machen, und setzen und anschließend für 2 - 3 Minuten hin.
Wir genießen unsere volle Energie.

Empfehlung:

Auf der DVD „Nordic Walking Compact" finden Sie im Kapitel Entspannung eine Aufzeichnung der kompletten Runenübung.

Verhaltensregeln für Nordic Walker

Nachfolgend haben wir speziell für Sie als Nordic Walker einige Anregungen zusammengestellt, die Ihr Verhalten bei größeren Touren und in der Natur betreffen. Überdies finden Sie noch einige Tipps zu Ihrer persönlichen Sicherheit.

Regeln zum Betragen in der Natur

Nordic Walking hat als Sportart in den letzten Jahren viele tausend Anhänger begeistert. Laufgruppen, und Kursstunden im nordischen Ganz-Körper-Training erfreuen sich noch immer steigender Beliebtheit. Das häufigste Terrain zur technisch sauberen Stockführung und auch wegen des erhöhten Erholungswertes sind nach wie vor Wald- und Wiesengebiete.

Um den natürlichen Lebensraum von Pflanzen und Tieren durch das Ausüben unserer Sportart nicht zu beeinträchtigen, gilt es, sich als Nordic Walker in der Natur an einige Regeln zu halten. Nachfolgend haben wir deshalb speziell für Sie als Nordic Walker einige Anregungen zusammengestellt, die Ihr Verhalten bei größeren Touren und in der Natur betreffen. Überdies finden Sie noch einige Tipps zu Ihrer persönlichen Sicherheit.

Regeln bei größeren Touren

- Planen Sie bitte größere Touren und Bergwanderungen: Informieren Sie sich über die zu erwartenden Anforderungen (Tourlänge, Schwierigkeit, konditionelle Anforderungen, notwendige Zeit, ...) über die Verhältnisse im Gelände (Nässe, Schnee, ...) und das Wetter, und starten Sie nicht einfach drauflos.

- Wählen Sie eine ihrem Niveau und den herrschenden Bedingungen angepasste Tour aus, informieren Sie sich über den Routenverlauf. Planen Sie auch eine Reservezeit ein, um sicher wieder vor der Dämmerung zurück bzw. beim geplanten Stützpunkt zu sein!

- Wir raten Ihnen, bei der geplanten Unternehmung passende Sportkleidung zu tragen. Führen Sie bei längeren Touren ein erste Hilfe – Set bei sich! Proviant und eine volle Wasserflasche, die im Trinkgürtel getragen wird, dürfen nicht fehlen.

- Seien Sie sich Ihrer Eigenverantwortung bewusst, vor allem im alpinen Gelände. Beachten Sie die möglichen Gefahren und berücksichtigen das Wetter und die Verhältnisse, um abschätzen zu können, ob sich die Tour wie geplant durchführen lässt oder evtl. gekürzt oder abgebrochen werden muss.

Unternehmerisch zu handeln bedeutet, Verantwortung zu übernehmen. Bei VDNOWAS heißt das: Verantwortung nicht nur gegenüber unseren Mitarbeitern, Trainern und Mitgliedern und allen Nordic Walkern, sondern auch gegenüber der Umwelt.

Dazu haben wir für Sie folgende Verhaltensregeln erarbeitet, die Ihnen die richtige Verhaltensweise in der Natur aufzeigt. Die Beherzigung dieser Tipps soll Ihnen und der Umwelt zugute kommen.

- Keine Tiere stören

- Normales ruhiges Weitergehen ist für die Tiere weniger störend als Stehenbleiben und Starren – Tiere gewöhnen sich an das Stockgeräusch

- Keine seltenen Pflanzen pflücken

- Bäume und Sträucher nicht beschädigen

- Die Arbeit des Forst- bzw. Landwirts respektieren

- Bitte nur gemähte Felder betreten

- Bitte alle Abfälle mit nach Hause nehmen

- Vorsicht im Umgang mit Feuer

- Hunde anleinen oder absoluter „Ruf-Gehorsam“
- Keine ungewaschenen Wildfrüchte essen (Fuchsbandwurm!!)
- Unterhaltung bitte in angemessener Lautstärke
- Hinweise beachten (z.B.: Sperrungen wegen Holzernte oder Jagd)
- Nach Möglichkeit bei Tageslicht walken (nicht bei Dämmerung)
- Bei Konfrontation mit dem Waldbesitzer oder dem Jäger sachlich bleiben
- Als Nordic Walker verhalten Sie sich rücksichtsvoll gegenüber der Natur: vermeiden Sie Lärm und lassen Sie keinen Müll zurück, damit die nächsten Besucher die Landschaft wieder so vorfinden, wie es von jedem gewünscht wird. Schonen Sie Bäume, (besonders geschützte) Blumen und Pflanzen der alpinen Vegetation und bleiben Sie auf den Wegen!
- Verhalten Sie sich als Nordic Walker außerdem rücksichtsvoll gegenüber dem Wild, das im Winter besonders schonungsbedürftig ist.
- Gegenüber Grundbesitzern, Jägern, Förstern und Bauern, sowie deren Wiesen, Weiden und Vieh verhalten Sie sich zudem rücksichtsvoll. Hochstehende Wiesen werden nicht betreten!

Rechtliche Hinweise zum Nordic Walking in der Natur

Was sollten Sie allgemein wissen ?

Nach dem Naturschutzgesetz darf grundsätzlich jeder zum Genuss der Naturschönheiten und zur Erholung alle Teile der freien Natur ohne behördliche Genehmigung und ohne Zustimmung des Grundeigentümers oder sonstigen Berechtigten unentgeltlich betreten. Dieses so genannte Betretungsrecht gilt nur für Betätigungen im Rahmen traditioneller For-

men der Freizeitgestaltung und Sportausübung, die dem Naturgenuss und der Erholung dienen. Betätigungen, die primär wirtschaftlichen oder ausschließlich sportlichen Intereressen wie etwa bei Wettkämpfen dienen, werden dagegen nicht vom Betretungsrecht umfasst; für diese ist stets die Zustimmung des Grundstücksberechtigten erforderlich.

Wo dürfen Sie in der Regel Nordic Walken?

- Auf nach der StVO beschilderten öffentlichen Straßen und Wegen sowie Privatwegen in der freien Natur ohne Beschränkung für Fußgänger
- Auf nicht nach der StVO beschilderten, aber öffentlich benutzten Privatwegen in der freien Natur
- Auf landwirtschaftlich nicht genutzten Wegen
- Auf landwirtschaftlich genutzten Flächen außerhalb der Nutzzeit
- Im Wald allgemein

Wo dürfen Sie nicht Nordic Walken?

- Auf nach der StVO beschilderten öffentlichen Straßen und Wegen sowie Privatwegen in der freien Natur mit Verbot für Fußgänger (auch auf Sonderwegen für Radfahrer oder Reiter)
- Auf nicht nach der StVO beschilderten, aber durch den Grundstücksberechtigten gesperrten Privatwegen in der freien Natur ohne dessen Zustimmung
- Auf Wegen und Flächen in Schutzgebieten oder Bereichen mit behördlichen Beschränkungen für das Betreten
- Auf vom Grundstücksberechtigten gesperrten Flächen in der freien Natur ohne dessen Zustimmung
- Auf landwirtschaftlich genutzten Flächen während der Nutzzeit ohne Zustimmung des Grundstücksberechtigten
- In gesperrten Forstkulturen oder Forstpflanzgärten

Was müssen Sie stets beachten?

Auch beim erlaubten Gehen in der freien Natur hat jeder folgende Pflichten einzuhalten:

- Mit Natur und Landschaft pfleglich umzugehen (Grundsatz der Naturverträglichkeit)
- Auf die Belange der Grundstücksberechtigten Rücksicht zu nehmen (Grundsatz der Eigentümerverträglichkeit),
- Naturgenuss und Erholung anderer nicht zu verhindern oder mehr als nach den Umständen unvermeidbar zu beeinträchtigen (Grundsatz der Gemeinverträglichkeit)
- Nicht erlaubt ist daher Nordic Walking, wenn diese Pflichten nicht eingehalten werden.

Sicherheit beim Nordic Walking

Gerade in den Sommermonaten sind Sportarten wie unser Nordic Walking besonders beliebt. Viele Sportler fühlen sich dabei in den Wäldern und Parkanlagen angelegten Laufpfaden oder auch im Straßenverkehr unsicher. Wir haben einige Ratschläge für Ihr Nordic –Walking –Training zusammengestellt.

Tipps

Laufen Sie nicht alleine. Finden Sie einen Partner oder schließen Sie sich einer Laufgemeinschaft an. Laufen Sie bei Tageslicht. Falls Sie bei Dämmerung oder Dunkelheit unterwegs sind, tragen Sie reflektierende Kleidung. Um besser sehen zu können und gesehen zu werden, sollten Leuchtmittel mitgeführt werden; besonders praktisch beim Nordic Walking ist eine Stirnlampe. Wenn Sie sich auf einer Straße bewegen, laufen Sie dem Fahrzeugverkehr entgegen.

Seien Sie aufmerksam beim Laufen außerhalb belebter Strecken oder bei schlechten Lichtverhältnissen. Verzichten Sie auf Walkman und Kopfhörer, es lenkt Ihre Aufmerksamkeit ab. Nehmen Sie ein vorhandenes Handy im dafür vorgesehenen Fach im Trinkgürtel mit, es kann Ihnen und anderen helfen.

Reagieren Sie nicht auf verbale „Anmache“, sondern laufen Sie weiter.

Führen Sie eine Trillerpfeife o.ä. mit, um in bestimmten Situationen auf sich aufmerksam machen zu können. Der Umgang mit Tränengas muss geübt werden, auch kann es gegen einen selbst eingesetzt werden. Von daher sollten Sie dies kritisch prüfen.

Als Nordic Walker haben Sie den Vorteil, Stöcke bei sich zu führen: nutzen Sie diese im Notfall zu Ihrer Verteidigung!

Führen Sie außerdem immer ein Personaldokument (Ausweis, Führerschein) mit sich, damit Andere im Notfall wissen, wer Sie sind.
Mehr zum Thema Selbstverteidigung erfahren Sie beim Kurs

NORDIC SELFDEFENCE.

Hier werden folgende Inhalte vermittelt:

- Verteidigung gegen Angreifer in Form von Mensch oder Tier (Tollwut) mit effizienten Schlag- und Stoßtechniken
- Richtiges Verhalten in gefährlichen Situationen
- Rechtliche Grundlagen
- Durch Stärke Selbstbewusstsein aufbauen

Informieren Sie sich!
09634/ 95150 oder 09634/ 3519
www.vdnowas.org

Regelwerk für die Teilnahme an Nordic Walking-Veranstaltungen

Allgemeine Bestimmungen

Jede Nordic Walking-Veranstaltung muss nach dem Regelwerk des VDNOWAS durchgeführt werden.

Der Veranstalter muss seine Nordic Walking-Veranstaltung mindestens drei Monate vor Durchführung beim Verband melden. Oberstes Prinzip jeder Veranstaltung muss sein: „Spaß und Gesundheit vor Ehrgeiz“

Teilnahmeberechtigung

Zu den Nordic-Walking-Veranstaltungen sind alle gesunden Personen jeden Alters zugelassen.

Klasseneinteilung

Die Klasseneinteilung erfolgt altersunabhängig nach Männern und Frauen. Es gibt keine Ergebnisliste nach Platzierung, jedoch kann eine Liste nach Alphabet sortiert mit der erreichten Zeit ausgegeben werden.

Distanzen

Die Streckenlängen betragen in der Regel 5, 10, 20, 30 oder 40 km. Jedoch können nach Absprache auch andere Distanzen genehmigt werden.

Ausrüstung

Jeder Starter muss über die folgende Ausrüstung verfügen:

- geeignete Sportschuhe
- 1 Paar Nordic Walking-Stöcke (Verbot von Ski- und Trekkingstöcken)

Jeder Starter sollte über weitere Ausrüstung verfügen:

- 1 Trinkflasche mit ca. 0,5l Flüssigkeit (z. B. im Gürtel oder Rucksack)
- sportliche Bekleidung

Der Veranstalter muss die Ausrüstung der Starter überprüfen und kann diesen bei ungeeigneter Ausrüstung von der Veranstaltung ausschließen.

Zeitmessung

Es ist keine elektronische Zeitmessung notwendig. Es ist generell ein Massenstart oder bei sehr vielen Teilnehmern ein Wellenstart durchzuführen.

Startnummer

Jeder Teilnehmer erhält eine Startnummer, welche klar sichtbar „vorne“ am Oberkörper getragen werden muss.

Kontrolle der Herzfrequenz

Der Puls des Teilnehmers soll 85% der maximalen Herzfrequenz nicht überschreiten.

Nordic Walking Techniken

Bei 5 und 10km-Distanzen sind lediglich Nordic Walking Techniken ohne Flugphase (z. B. Diagonalschritt, 1-2 Schritt) anzuwenden. Auf längeren Distanzen ab 15 km ist auch die Nordic Jogging-Technik oder der Funlauf erlaubt.

ACHTUNG: Nordic Jogging und Funlauf dürfen jedoch nicht dazu eingesetzt werden, um die Geschwindigkeit zu erhöhen bzw. sich einen Zeitvorteil gegenüber den anderen Startern zu verschaffen. Sie dürfen nur zur Auflockerung der Muskulatur über eine Distanz von maximal 400m verwendet werden. Verstößt ein Teilnehmer gegen diese Regelung wird er bei der Verlosung und der Vergabe der Urkunden nicht berücksichtigt und kann für weitere Veranstaltungen gesperrt werden. Die Sprungtechniken, wie z. B. 1-1 Sprünge, Diagonalsprünge, 1-2 Sprünge, dürfen nur bergauf und über eine maximale Distanz von 100m eingesetzt werden.

Haftungsausschluss

Jeder Teilnehmer ist für sich selbst verantwortlich und sollte eine private Haftpflicht- und Unfallversicherung besitzen. Ansprüche können weder gegenüber dem Veranstalter noch gegenüber dem Verband geltend gemacht werden.

Snowshoeing

Schneeschuhe gibt es schon seit Hunderten von Jahren. Sie sind ein ursprüngliches und einfaches Fortbewegungsmittel für tiefverschneite Landschaften.

„Schneeschuhwandern" heutzutage hat mit der Notwendigkeit, sich einigermaßen sicher im oft weichen, tiefen Schnee fortzubewegen, wenig zu tun. Geblieben ist allein der Vorteil, durch den Schneeschuh auf dem Schnee mit wenig Kraftaufwand zu laufen.

Dennoch ist es eine vollwertige sportliche Betätigung:
- gleichmäßiges Bewegen in der Natur trainiert Muskulatur
- Herz und Kreislauf kommen in Schwung
- frische Luft sorgt für Wohlbefinden.

Schneeschuhwandern erfordert keinerlei Vorkenntnisse.

Bewegungsablauf und Tempo entsprechen dem „normalen" Wandern, eröffnen dem Schneeschuhgänger aber völlig neue Erlebnisse und Perspektiven im Winter.

Neue Materialien - einfaches Handling

Der Schneeschuh von heute hat mit den alten „Trapper-Schneeschuhen“ nichts mehr gemeinsam.

Neue Materialien - Aluminium, verstärkte Kunststoffe - und perfekte Verarbeitung ermöglichen es sogar, mit einem wasserdichten Wanderschuh in die Schneeschuhe „einzusteigen“. Selbstverständlich gibt es auch High-Tech-Profimodelle für den ambitionierten Sportler.

Sie brauchen keinen Weg und keine Straße, Anstehen vor Skiliften ist passé.

Stellen sie sich vor: Pulverschnee, Natur pur und Sie mitten drin. Mit Schneeschuhen erschließt sich Ihnen eine ganz neue Welt unberührter Schneelandschaften.

Sie wollen Schneeschuhlaufen ausprobieren, nichts leichter als das!

Gehen Sie mit uns auf geführte Touren und machen so Ihre ersten Erfahrungen.

Wir sind sicher: einmal dabei, wollen Sie das Feeling nicht mehr missen.

Weitere Informationen unter 09634-3519 oder 09634-915150

Kurzvorstellung unseres Unternehmens VDNOWAS

Wie wir denken und was wir uns vorgenommen haben

Nordic Walking ist für uns nicht einfach nur die Bezeichnung für eine Geschäftstätigkeit, sondern nach unserer Auffassung verbirgt sich in diesem Begriff eine Vielzahl von für uns entscheidenden Eigenschaften bezüglich unseres Arbeitsverständnisses...

...Qualität
Durch ein breites Angebot von qualitativ guten und präventiv wirksamen Kursen wollen wir die Lebensqualität und individuelle Leistungsfähigkeit der Bürger verbessern.

...Geld
Wir meinen, dass jeder für seine Leistungen entsprechend honoriert werden soll. Jedes Ausbildungsinstitut und alle Trainer sollen mit Ihren Tätigkeiten ihren Lebensunterhalt verdienen können. Wir als Verband wollen hierzu Grundlagen schaffen und selbst ebenfalls ergebnisorientiert wirtschaften.

...Mensch
Mit Engagement will VDNOWAS die Gesundheit aller Menschen fördern.

...Kompetenz
fachliche Kompetenz allein genügt nicht.

...Zeit
Die Zeiterwartungen unserer Kunden empfinden wir nicht als belastend, sondern als positive Herausforderungen.
Wir wollen in kurzer Zeit in unseren Kursen umsetzbare Lehrinhalte vermitteln.

...Service
Unsere Dienstleistung erstreckt sich rund um das Thema Nordic Walking. Wir verstehen die Bedürfnisse und die Erwartungen unserer Trainer. Wir gehen verantwortungsbewusst mit ihnen um und schaffen mit Engagement überzeugende Lösungen.

Auch durch Einfühlungsvermögen und das Gespür im Umgang mit den Schulungsteilnehmern wollen wir begeistern.

Wir wollen uns verpflichten auch und gerade im „Alltagsstress“ diese Forderung an uns selbst zu stellen um eine möglichst optimale Lösung zu finden und den hohen Erwartungen, die unsere Kunden und Trainer an uns stellen, gerecht zu werden.

Die Ausrichtung unseres Verbandes basiert auf vier Schlüsselbereichen, die von uns zur Orientierung herangezogen werden. Diese Bereiche immer im Auge behaltend sind wir für die Zukunft gut gerüstet.

Wir wissen, dass wir vom Geld unserer Kunden und Trainer leben und sehen es als Selbstverständnis an, dafür hart zu arbeiten.
Nur wenn wir alles tun, um unsere Kunden, Trainer und unsere Mitarbeiter zu begeistern, können wir uns selbst begeistern und zufrieden sein.

Wir setzen alles daran unseren Kunden und Trainern das Gefühl zu geben, dass wir für sie da sind und mehr als nur Standardlösungen bieten.

Damit empfehlen sie uns weiter. Nur wenn wir es schaffen, unsere Kunden und Trainer zu begeistern, können wir langfristige Geschäftsbeziehungen aufbauen und erhalten.

Wir haben schon immer ganzheitlich gedacht. Daran wird sich auch in Zukunft nichts ändern.

Nachdem unser Erfolg auf der Vielseitigkeit jedes Einzelnen beruht, ist jeder von uns Prozesseigner und Mitglied in anderen Prozessen.
Damit schaffen wir unternehmerisches Denken und Teamorientierung in gleichem Maß.

Wir streben an besser zu sein als der Wettbewerb. Dies versuchen wir zu erreichen durch:

> **Erarbeiten passender Individuallösungen unter Einbezug und Prüfung aller Möglichkeiten im Sinne unserer Kunden.**

So organisieren wir uns

Da uns am Herzen liegt, sämtliche Anforderungen schnellstmöglich und kompetent zu erfüllen, sind wir auf eine flexible Verbandsstruktur angewiesen. Der Verband zeichnet sich dadurch aus, dass wir keine starren hierarchischen Strukturen zu Grunde legen, sondern vernetzt und teamorientiert zusammenarbeiten. Kurze Informationswege sind Voraussetzung für eine optimale Bearbeitung der an uns gestellten Aufgaben.

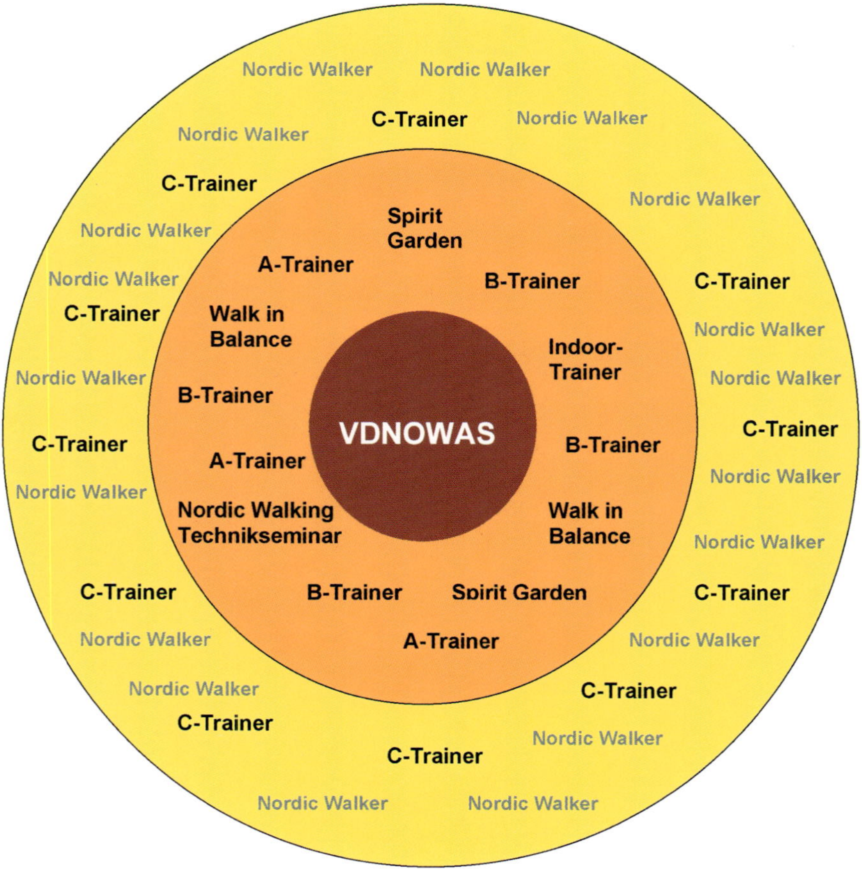

Unser Leistungsprofil

Wir organisieren...

- Nordic Walking: Marathon Wettbewerbe, Kurse für Anfänger und Trainingsprogramme für sportlich Ambitionierte, Trainer- und Übungsleiterausbildungen, Fort- und Weiterbildungen, Erlebnisveranstaltungen
- Sommer-Biathlon mit Pfeil und Bogen - auch als Firmen- oder Gruppenveranstaltung
- Feldhockey
- Beachvolleyball
- Kletter- und Abseilaktionen - fördert die Teambildung
- Indoor Cycling / Spinning
- Indoor Training (funktionelle Gymnastik)
- Mental- und Entspannungstraining
- Feldenkrais
- Ernährungsseminare
- Marketingschulungen
- Walk-In-Balance
- Spirit Garden

Kontaktaufnahme per email:
fichtner@vdnowas.org
events@vdnowas.org

Ausbildungsinstitute

Ausbildungsinstitut Schneverdingen

Joachim Schwarzer
Schulstrasse 6
29640 Schneverdingen

Wellnessberater
Lauf+ Nordic – Walking Spezialist
Triathlet
Marathonläufer

Tel.: 05193-4792

info@nordicwalking-schneverdingen.de
www.nordicwalking-schneverdingen.de

Lehrinstitut Nordic Walking Saalfeld

Diplomsportleher J. Gräbedünkel
Auf den Rödern 60
07318 Saalfeld

Tel.: (0 36 71) 3 37 44

zieglergraebeduenkel@t-online.de

Skischule Kiel

Gerd Wrobel
Möllingstraße 9
24103 Kiel

Telefon 0431 99 69 783

info@skischule-kiel.de
www.skischule-kiel.de

Nordic Walking Schule Dachstein Tauern

Christoph Mack
A-8962 Gröbming
Tel.: +43 (0 36 85) 2 30 41
Fax.: +43 (0 36 85) 2 23 08

office@ergofit.at
www.ergofit.at

Nordic Walking Schule Köln

axtiv04
Brigitte Harwig
Großrotterweg 1
50997 Köln

Tel.: (0 22 33) 20 37 60
Fax: (0 22 33) 20 37 61

info@aktiv04.de
www.aktiv04.de

VDNOWAS Nordicschool

Inhaber der VDNOWAS Nordicschool ist die Firma onoffisse.ch GmbH.
Geschäftsführer: Ruth und Erwin Koch
Hofstetterweidweg 10
CH-8143 Stallikon

Tel: ges: +41/447012880
priv: +41/447012480
fax: +41/447011780

info@nordicwalker.ch
www.nordicwalker.ch

Nordic Academy

Danny Winkelmann
Schrödingerstraße 12
07745 Jena

Tel.: (0160) 3 53 95 37
Fax: (0721) 1 51 22 01 87

office@nordicacademy.de
www.nordicacademy.de

Nordic Institut - Zentrum für Nordic Sport & Prävention

Dipl. Sportwiss. Sandra Hoffmann
im Aatalzentrum für Gesundheit
Mittelstr. 19b
33181 Bad Wünnenberg

Tel.: (0 29 53) 96 54 11
Fax: (0 29 53) 96 54 45

Mobil: 0176 – 22318735

info@nordic-institut.de
www.nordic-institut.de

Nordic Walking Schule Tanja Born

Tanja Born
Martinstraße 45
66629 Freisen/Reitscheid

Telefon 06857/675297
Mobil 0177/2958226

info@nws-tborn.de
www.nws-tborn.de

Huschke Personaltraining

Alexandra Huschke
Nassenheider Weg 4
13509 Berlin

Tel.: (0 30) 4 33 02 90
Fax: (0 30) 43 65 79 67

ah@huschke-personal-training.de
www.huschke-personal-training.de

Redle´s Sportshop

Dietmar Redle
Friedhofweg 23
88451 Dettingen / Iller

Telefon: (0 73 54) 84 79
Telefax: (0 73 54) 79 30

info@redles-sportshop.de
www.redles-sportshop.de

All Around Health

Martin Veith
St. Antonweg 18/C
I-39026 Prad am Stilfser Joch

Mobil: +39 (0) 347/7656114

E-Mail: info@nordicwalking.bz.it
www.nordicwalking.bz.it

GetWet Outdoor Adventures

Ingrid Hartl
Embach 116
A-6300 Angerberg / Tirol

Tel.: 0043/650/4100422

info@getwet.at
www.getwet.at

Über den Autor Harald Fichtner

Geschäftsführer
Verband der Nordic Walking Schulen
Hauptstraße 34
95676 Wiesau
Telefon: (0 96 34) 35 19 • Fax: (0 96 34) 35 18
fichtner@vdnowas.org

Lebenslauf Harald Fichtner:

1961	Harald Fichtner wird am 05. Mai in Neustadt / Waldnaab (Bayern) geboren
1977	Abschluss Mittlere Reife
1979	Abschluss Einzelhandelskaufmann
Bis 1983	Sportfördergruppe Bundeswehr Allgemeiner Übungsleiter Grund- und Oberstufe Ski-Nordisch DSV Bestenliste Junioren 13. Platz Bayerischer Vizemeister Staffel Oberpfalzmeistertitel
1989	Marathon Nürnberg 2:45
1990 - 1993	Erfolgreiche Triathlonteilnahme an Versanstaltungen in Deutschland, Italien, Spanien, Österreich, Tschechien
1990	Ironman Europe in Roth 10:27; Halbdistanz Triathlon Lanzarote, 7.Platz, bester Deutscher
1991 - 1995	Diverse Marathonläufe (München, Berlin, Frankfurt, Regensburg) Bestzeit 2:45 Std. (Nürnberg)
1994	Gründung Sportagentur „Sportservice Harald Fichtner“
1995 - 1999	Diverse Ausbildungen im Bereich Aerobic Ausbildung zum DSV-Skilehrer Nordisch

2000	Ausbildung zum Nordic-Walking Master-Trainer in Finnland Entwicklung des Ausbildungskonzepts für den deutschsprachigen Raum Gründung der Ersten Nordic Walking Academy Deutschlands Im Mai bietet Harald Fichtner die ersten Nordic-Walking-Kurse und Trainerausbildungen im deutschsprachigen Raum an. Eine Welle wird losgetreten.
2002	Co-Autor des ersten Nordic-Walking-Buches (monatl. Verkauf ca. 1000 Bücher) Gründung VDNOWAS (Verband Der Nordic Walking Schulen)
2003	Produzent der Ersten Nordic-Walking DVD (Lehrfilm) (monatl. Verkauf ca. 300 DVDs) Gründung VDNOWAS in Österreich Nordic Sports Magazin prägt den Begriff „Dalai Lama des Nordic Walking“
2000 - 2003	Etablierung von Nordic-Walking im deutschsprachigen Raum Regelmäßige Seminare im gesamten deutschsprachigen Raum (Deutschland, Österreich, Schweiz, Italien)
2004	Neue DVD II (Nordic Walking, Ernährung und mentale Fitness)

Danksagung

An dieser Stelle gilt es, einmal einen herzlichen Dank auszusprechen. Zuerst möchte ich allen danken, die dazu beigetragen haben, dass dieses Buch entstehen konnte.

Prof. Dr. med. Alfred Wirth	Vorwort
Rainer Ihra, Josef Schörner	Gestaltung und Produktion
Anita Bauer, Michaela Hösl, Markus Meister	Darstellung der Übungen
Doris Streber	Schreibarbeiten
Silke Fersch	Korrektur
Firma Salomon	Bekleidung Schuhe
Sandra Isabel Knobloch	Pressetext

Außerdem gilt mein besonderer Dank den Ausbildungsinstituten die stets ihr Bestes mit in die Sache einbringen. Auch bei meinen Mitarbeitern im Büro will ich mich an dieser Stelle recht herzlich bedanken. Johanna Wührl, Manuela Priemer, Doris Streber, Anette Fichtner, David Oberrender und Markus Meister, die täglich meine Power ertragen müssen.

Desweiteren gilt mein besonderer Dank all denen, die mein Leben mit geprägt und in die richtigen Bahnen geleitet haben. Nur so war es möglich, meinen Traum auch zu leben.

Der letzte Tipp in diesem Buch: Träume Dein Leben und lebe Deinen Traum, aber vergiss nicht loszugehen. Gebe Deinen Träumen aber auch genügend Zeit Realität zu werden.

Euer

Harald Fichtner

Index

W

Z

Music-Bits Verlag • Bücher, Musik und Videos

THE SECRETS OF NORDIC WALKING

Der erste Nordic Walking Trainer auf DVD! Inklusive 20 Minuten Warm-up und Aerobic Programm, Stretching und Cooldown. Ideal für Einsteiger, Aerobic-Musik „The Keys To Your Energy" auch auf Audio-CD erhältlich.

DVD, deutsch, englisch, franz., ital.
ISBN 3-937470-10-7

NORDIC WALKING COMPACT

Nordic Walking Techniken im Detail mit Erläuterungen, Hinweise zur richtigen Ernährung, Herzfrequenz und Entspannungstechniken. Dazu alles über die Trainingslehre sowie „Walk-in-Balance" nach VDNOWAS Richtlinien.

DVD, deutsch, Booklet
ISBN 3-937470-15-8

THE KEYS TO YOUR ENERGY

7 Tracks für Warm-up, Aerobic und Cooldown. Eine perfekte Zusammenstellung für Aerobic- und Fitnesstrainer. Die Musik wird u. A. auch in der DVD „Secrets Of Nordic Walking" eingesetzt. Zahlreiche Abbildungen und Hinweise, alle Tracks Geschwindigkeitsangabe (BPM).

7 Tracks, 52 Minuten Spielzeit
ISBN 3-937470-12-3

THE KEYS TO YOUR TEMPLE

Musik zum aktiven Entspannen. Alle Melodien und Effekte sind so komponiert und gestaltet, daß jeweils alle Chakras mit Resonazfrequenz angeregt werden. Ideal für Meditation, Reiki, Qi-Gong, Massage, Yoga oder einfach zum Entspannen.

22 Tracks, 62 Minuten Spielzeit
ISBN 3-937470-13-1

MEDITATION COMPACT

Das Buch mit umfassender Übersicht aller Meditationstechniken der östlichen und westlichen Welt. Der Autor Richard Mayer ist Meditationslehrer und hat selbst viele Techniken im In- und Ausland praktiziert. Unter Anderem wird auch die Verwendung und Wirkungsweise von Musik und Frequenzen beschrieben.

147 Seiten, deutsch
ISBN 3-937470-20-4

QI-GONG ZUM SELBSTSTUDIUM

Die Grundlage und Basis aller asiatischen Entspannungstechniken und Übungen zur Körperbeherschung und Kampftechnik. Auf dieser DVD werden die 18 Basisübungen einzeln und aus verschiedenen Perspektiven ausführlich erklärt und gezeigt. Zusätzlich kann mit dem Meister Detlef Just geübt werden.

DVD, deutsch,
ISBN 3-937470-07-7

THE SECRETS OF

DIDGERIDOO

Die ideale DVD zur Schulung der natürlichen Atemtechnik, für Sängerinnen und Sänger, sowie Blasmusiker die neben dem Didgeridoospielen auch die Körperbeherschung trainieren möchten. Sehr gut ist das Didgeridoospiel auch zur Meditation und Entspannung geeignet.

DVD, deutsch und englisch
ISBN 3-937470-41-7

THE SECRETS OF

PERCUSSION

Conga, Bongos und Cajon lernen und üben mit einer einzigen Video-CD (DVD-kompatibel). Das ideale Video für alle, die Ihren Rhythmus perfektionieren möchten. Einfach zu erlernende Grundhaltungen und Schläge sowie Übungen verschiedener Rhythmusstilrichtungen.

Video-CD (DVD-kompatibel), deutsch
ISBN 3-937470-42-5

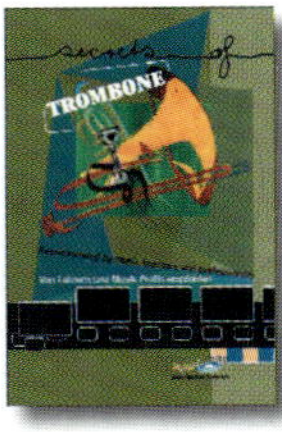

THE SECRETS OF

TROMBONE

Die Grundlagen des Posaunenspiels werden auf dieser Video-CD (DVD-kompatibel) ausführlich gezeigt und erklärt. Sämtliche Atem- und Ansatzübungen sind auch für andere Blasmusiker (z.B. Trompeter) bestens geeignet. Außerdem: Playbackmusik zum Mit- und Nachspielen.

Video-CD (DVD-kompatibel), deutsch
ISBN 3-937470-44-1

THE SECRETS OF

SINGING

Jeder kann Singen! Diese Video-CD (DVD-kompatibel) gibt einen perfekten Überblick über den Gesangsunterricht und das Stimmtraining. Angefangen von einfachen Atem- und Tonübungen bis hin zu Melodieübungen werden alle Techniken und Übungen im Detail erklärt.

Video-CD (DVD-kompatibel), englisch
ISBN 3-937470-45-X

THE SECRETS OF

PIANO

Der Klavierlehrer auf Video-CD (DVD-kompatibel). Hier lernt der Einsteiger alles wissenswerte über das Klavier, wie Herstellung und Restauration, richtige Sitz- und Fingerhaltung, einfache Übungen mit und ohne Noten.

Video-CD (DVD-kompatibel), deutsch
ISBN 3-937470-43-3

THE SECRETS OF

SAXOPHONE

Das komplette Lehrprogramm für Einsteiger in das Saxophonspiel. Alle Töne, alle Klappen, alle Saxophone! Anschauliches Übungsmaterial und viele Erklärungen über die Einzelteile des Saxophons, Beachtenswertes beim Kauf und bei der ersten Tonerzeugung. Ausserdem: Hinweise zur Pflege und Tipps zum richtigen Üben.
DVD, deutsch
ISBN 3-937470-40-9

JU-JUTSU

COMPACT DVD-1

Einführung in Ju-Jutsu
Fallschule
Bewegungslehre
Bodentechniken
Sicherungstechniken
inkl. 40-Seiten Booklet
ISBN 3-937470-01-8

JU-JUTSU

COMPACT DVD-2

Wurftechniken
Komplexaufgaben
Stock, Messer Kette
Schusswaffen
Sonstige Techniken

ISBN 3-937470-02-6

JU-JUTSU

COMPACT DVD-3

Würgetechniken
Freie Selbstverteidigung
Fr. Anwendungsformen
Gegentechniken
Atemitechniken

ISBN 3-937470-34-4

JU-JUTSU

COMPACT DVD-4

Abwehrtechniken
Pratzenarbeit
Hebeltechniken
Weiterführungstechniken
Konter gegen Konter

ISBN 3-937470-04-2

JU-JUTSU COMPACT

Effektive Selbstverteidigung auf 4 DVDs mit ausführlichem Booklet und vielen detailierten Beschreibungen. 8 Stunden, alle Techniken zur effektiven Selbstverteidigung, auch einzeln erhältlich!

Empfohlen vom Ju-Jutsu Verband Bayern.
DVD, deutsch
ISBN 3-937470-05-0

KIME NO KATA

Mit diesem einzigartigen Video (DVD deutsch, ca. 84 min. mehrseitiges Booklet) kann jeder die feine Technik der Kime No Kata studieren. Ideal für Ju-Jutsu Fortgeschrittene, Katafreunde und zur Dan Prüfungsvorbereitung.

Empfohlen vom Ju-Jutsu Verband Bayern.
DVD, deutsch, Booklet
ISBN 3-937470-00-X

Rainer Ihra
Haselhöhe 12
D-92706 Luhe

TEL: +49 (0) 9607-1231
FAX: +49 (0) 9607-1564
EMAIL: info@musicbits.de

www.musicbits.de